五彩校园文化艺术活动丛书

校园口才类活动指导手册

于 玲 ◎编著

吉林出版集团股份有限公司
全国百佳图书出版单位

前言
PREFACE

　　在党和政府的要求下，长期以来，学校文化艺术活动作为学校教育教学工作的一个重要组成部分，不仅是广大青少年建立兴趣爱好和成材的重要途径，而且是学校德育工作发挥巨大作用的主要因素。营造丰富多彩的校园文化，为广大青少年开拓广阔的成材之路，这是加强素质教育的要求，也是培养青少年未来实现中国梦想的要求。

　　学校开展形式多样的文化艺术活动，能够使广大青少年达到开阔视野、陶冶情操、增长才智、提高素质、沟通人际、适应社会以及改善知识结构和掌握实用技能等方面的效果。在这些文化艺术活动中，广大青少年通过接受不同形式、不同内容的有益教育，能够起到潜移默化的作用，这对造就和培养有理想、有道德、有纪律、有文化、适应中国复兴和实现中国梦的新一代人才有着十分重要的作用。

　　因此，越来越多的学校对于开展丰富的文化艺术活动和营造浓郁的校园文化环境给予了越来越多的投入和努力，学校里的音乐队、合唱团、舞蹈队、书画社、兴趣小组等，简直琳琅满目。因此，校园文化艺术活动的组织策划与指导就显得十分重要了。这就需要坚持先进文化的正确方向，以育人为根本目标，努力发展符合实际需要、并为广大师生喜闻乐见，且具有实效的校园物质文化和精神文化体系，真正营造五彩校园的文化氛围。

为此，根据党和政府有关政策和部门的要求以及国内外最新校园文化艺术的发展方向，特别编撰了《五彩校园文化艺术活动》丛书，不仅包括校园文化艺术活动的组织管理、策划方案等指导性内容，还包括阅读、科普、歌咏、器乐、绘画、书法、美化、舞蹈、文学、口才、曲艺、戏剧、表演、游艺、游戏、智力、收藏、棋艺、牌技、旅游、健身等具体活动项目，还包括节庆、会展、行为、环保、场馆等不同情景的活动开展形式等，具有很强的系统性、娱乐性、指导性和实用性。

　　本套丛书适当配图，图文并茂，设计精美，格调高雅，不仅是广大学校用于开展丰富文化艺术活动的最佳指导读物，也是大中小学学校领导、教师，在校大中小学学生、研究生、博士生以及有关人员学习的最佳实用读物，还是各级图书馆珍藏的最佳版本。

目录
CONTENTS

NO1. 校园口才类活动学习指导

NO2. 校园主持活动学习指导

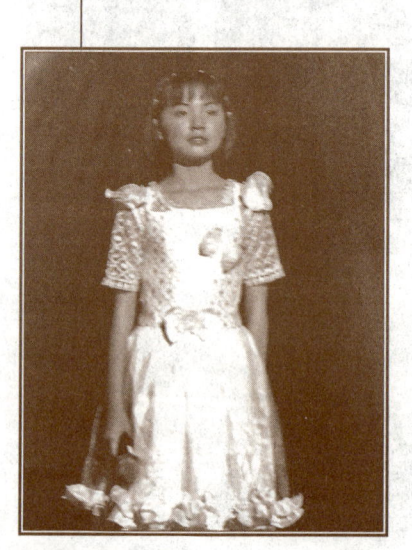

N03. 校园辩论活动学习指导

N04. 校园演讲活动学习指导

N05. 校园朗诵活动学习指导

NO1.校园口才类活动学习指导

口才的重要作用

口才的基本概念

青少年朋友，你会说话吗？或许，你会不屑一顾地回答说，这样的提问是不是太幼稚了，但实际上，说话并不像你想的那样简单。

因为要把话说得恰到好处，说到别人的心里去，需要有这种本事，这种本事其实就是口才！

口才是指我们在交际的过程中，口语语言表达得十分准确、得体、生动、巧妙、有效，能够达到特定交际目的和取得圆满交际效果的口语表达艺术与技巧。

口才是一种综合能力，不仅包括语言表达，还包括聆听、应变等多项能力。

有口才的人说话具有"言之有物、言之有序、言之有理、言之有情"等特征。

总之，善表达，会聆

听，能判断，巧应对，是衡量口才好与坏的重要标准。

口才是成功的资本

口才是每个青少年都应该具备的素质之一。说话不仅仅是一门学问，还是青少年赢得事业成功的资本。好口才会给你开创美好前景，拥有好口才，就等于你拥有了辉煌的前程。

美国现代成人教育之父戴尔•卡耐基说："一个人的成功，只有15%是靠其专业技术，而85%则要靠他的人际关系和为人处世的能力。"

英国首相丘吉尔说："你能面对多少人讲话，你的成就就有多大！"

股神巴菲特说："有一件事你是必须做的，不管你喜欢与否，那就是轻松自如地当众演讲，这可能得花些功夫，这是一种财富，将伴随你五六十年之久，如果你不喜欢这样做，那就是你的不利条件，同样会伴随你五六十年，这是一项必备技能。"

青少年是祖国的希望，教育的理念在于能让青少年的综合素质得到提升，既然是综合素质，当然离不开课堂上的专业知识和课外的能力拓展了。

在课外，我们要学的东西很多，其中，青少年的口才是最不容忽视的！

一个人，不管你生性多么聪颖，接受过多么高深的教育，穿着多么漂亮的衣服，拥有多么雄厚的资产，如果你无法流畅、恰当地表达自己的思想，你仍旧无法真正实现自己的价值。会说话，是一种立足社会的能力。

美国著名人类行为学家汤姆士说："好口才是成名的捷径。它能使人显赫，鹤立鸡群。能言善辩的人，往往使人尊敬，受人爱戴，得人拥护。它使一个人的才学充分拓展，熠熠生辉，事半功倍，业绩卓

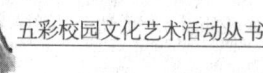

著。"

汤姆士甚至断言："发生在成功人物身上的奇迹，一半是由口才创造的。"

事实证明，很多人的成功，在相当大的程度上归功于他们善于辞令。第一印象最重要，而口才好的人最能给别人留下深刻的第一印象。优雅的谈吐可以使自己广受欢迎，更有助于事业的成功。

许多人能成为议员或其他高级官员，就是因为善于辞令。凭自己在其他方面的实力，他可能升不到高位，拿不到高薪，但是出色的口才却让他们得到了这一切。口才的作用可见一斑。

青少年朋友，如果我们善于辞令，再加上周到的礼节、优雅的举止，那么在任何场合，都会畅通无阻、受到欢迎。

所以，从现在开始，我们要练就一副好口才，只有这样，我们离成功才会更近，我们的前途也才会更加光明，我们也才会成为最有特色的阳光青少年。

口才的幽默艺术

幽默艺术的概念阐释

何谓幽默？《现代汉语词典》的解释是："有趣可笑而意味深长。"人们在生活中体验到，幽默是一种机智、谐趣，它来源于对生活别出心裁的发现，同时又是一种创造谐趣的艺术，能给人们带来愉悦的精神享受。

幽默，源于拉丁文Humor，指在生活中判明和在艺术中再现喜剧的特征、方面和现象的能力。它是散文家、翻译家林语堂在本世纪初通过音译创造的新词，意为诙谐、滑稽、有趣、可笑，甚至还概括各种令人发噱的语言、情景、形状、事物以及影射、挖苦、嘲笑、出丑、插科打诨等等。俄国唯物主义哲学家、文艺批评家车尔尼雪夫斯基把幽默理解为对别人和自己身上的喜剧性缺点的批判性剖析和自我批判性剖析。

幽默实际上是一种谐趣，而幽默感则是一种审美意识，喜剧往往与辛辣的讽刺、善意的玩笑分不开的。幽默在生活中是不可或缺的。萧伯纳曾高度评价幽默的作用，他说："没有幽默感的语言是篇公文，没有幽默感的人是尊雕像，没有幽默感的家庭是间旅店，而没有幽默感的社会是不可想象的。"

用幽默语言消除尴尬

在我们的学习生活中，难免会和自己的同学或者朋友发生摩擦、矛盾，总会遇到一些令我们难堪或尴尬的场面。此时，有的同学极易生气和激动，针锋相对；有的同学则恶语相加，讽刺打击；有的同学则茫然无措，不知所对。

其实，这些都是不正确的做法，正确的做法是我们应用一种幽默性的语言"化干戈为玉帛"，将尴尬变为会意的一笑。

有一次，著名的古希腊的思想家苏格拉底正在和学生们讨论学术问题，互相争论的时候，他的妻子气冲冲地跑进来，把苏格拉底大骂了一顿之后，又出外提来一桶水，猛地泼到苏格拉底身上。

在场的学生们都以为苏格拉底会怒斥妻子一顿，哪知苏格拉底摸了摸浑身湿透的衣服，风趣地说："我知道，打雷以后，必定会下大雨的。"

苏格拉底的容忍和幽默终于使天气由"暴雨"转为"晴朗"，他运用的这种"就境设喻"法，机智敏捷中显示出智慧。

一位心理保健教师应邀给少年犯上课，走向讲台时不小心摔了一跤，引起哄堂大笑。

这是一个令人尴尬的场面，怎么办？怪脚下设施不好？严肃地批评少年犯？这些都不是上策。只见这位教师不慌不忙地站起来，脸朝听众笑道："这是我给你们上的第一课，一个人可能跌倒，但还可以再站起来！"顿时，哄笑声化为敬佩的掌声。

这位教师的高明之处在于"跌"出幽默，"跌"出哲理，"跌"出这一课的主题，"跌"出与听众轻松和谐的交流氛围，幽默语的艺术可谓发挥到极致。

说到底，幽默风趣的谈吐，无论是在我们的日常生活中，还是在重大的社交场合，都是离不开的。说话幽默是指我们在谈吐中，利用语言条件，对事物表现诙谐、风趣的情趣。

幽默的谈话不仅能吸引听者的注意力，而且还能与听者建立起亲密的关系。要是我们的话能使听者情不自禁地笑了起来，就表明听者已完全进入了与我们的思想交流之中。所以人们说幽默的谈吐是好口才的标志之一。

那么，青少年朋友，你还在为自己的尴尬、难堪而耿耿于怀吗？从现在起，就好好学习幽默的语言，发挥自己幽默的艺术吧！

顺着对方话题发挥

在我们与人相处中，总会遇到一些不方便直接说的话，这个时候就要将"词锋"隐遁，或者选择顺着对方的话借题发挥，便能达到理想的效果。

在我们和人交谈时，使用借题发挥的关键在于一个"借"字，只有巧妙借对方的话题为自己所用，发挥起来才能有凭有据，让对方哑口无言，收到奇效。

青少年朋友，当我们面对他人的"无稽之谈"时，我们可以装作

不懂他的本意，而顺着他人的字面意思借题发挥，从而声明自己的观点，这样就能获得较好的反驳效果。

在学习生活中，当我们能够正确地运用借题发挥来达到自己想要的结果时，我们的谈话就成功了一半，那么我们就会很顺利地处理问题，成为一个比较成熟的阳光青少年了！

用幽默言谈驳倒对方

在生活中，你有没有遇到过这种情况，就是明明我们知道对方讲的话、做的事不对，却不知道如何反击对方，即使反驳也不能立即扳倒对方的话，甚至还会让对方抓住自己的把柄？那么，怎么会这样呢？

其实，这是因为我们没有找到正确的进攻点，所以就没能抓住对方的"致命"漏洞，造成对方继续得意洋洋。为此，我们想要扳倒他人的错误观点，必须一箭中的，用幽默的语言提出正确的言论，才能轻易地驳倒对方。

幽默的表达方法

以说话观点为幽默点

在日常生活中，我们经常强调要"以理服人"，就是说我们说话的观点一定要符合客观实际。但有的人往往强词夺理，在认识上具有主观性、片面性，这时就可以从其论点上寻求进攻点。就像下面的例子一样。

　　一天，一个跛脚的男子走进一家医院。男子对护士说："我很穷，请把我安排在最便宜的病房吧！"

　　护士问："你没有其他亲人吗？"

　　男子无奈地回答："没有，我只有一个姐姐，她是修女，也没有钱！"

　　护士故意刁难说："修女和上帝结婚呢！怎么可能没有钱呢？"

　　男人听了，微微一笑，说："好吧，那就把我安排在最贵的病房，结账时你把账单寄给我的姐夫就可以了！"

很显然，护士的话其实是荒谬之极的，患者正是抓住了护士的荒谬之处，表面上顺其意愿，承认对方说得有道理，再幽默地将错就错，要求她"把账单寄给我的姐夫就可以了"。如此一来，患者最后用护士自己的荒谬幽默地把护士引入窘境，让护士哑口无言。

以可靠事实为幽默点

想要证明自己说的话有力量，就必须证明自己说的话的真实可靠，摸准对方的心理，把语言中的幽默，用得"恰到好处"，然后一针见血地"攻击"，使对方迅速做出有利于我们自己的反应。

被称为法国小说之父的巴尔扎克就是会巧说话的代表。

一天夜里，一个小偷钻进巴尔扎克的房间，在他的桌子里乱摸。巴尔扎克被惊醒了，他悄悄地坐起来，点亮了灯，然后微笑着说："亲爱的，别找了，我白天都不能从那里找到钱，现在天黑了，你就更别想找到啦！"

小偷看着平静的巴尔扎克，没趣地退了出来。

巴尔扎克正是摸准了小偷的心理，才能如此冷静处理这一意外的情况。首先他明白小偷是来偷钱的，不是来害自己生命的，所以他不慌；同时他了解小偷在偷东西时神经特别紧张，稍一受惊，就会惊慌失措，做出一些不理智的事情来，反而会危及自己的生命，所以他不喊。他幽默地称小偷为"亲爱的"，使小偷不至于因被发现而与他为敌。

其次，他明白小偷的目的主要是钱，所以他又幽默明确地告诉小偷，自己没有钱。这时的小偷，既拿不到钱，又不会被抓，不走又待着干什么呢，只有乖乖退出去了。

灵活运用幽默语言的要素

常言说"妙语生花"，就是指将常用的语言经过个人精心组合，使它达到意想不到的效果。有时候，说话就是一场辩论赛，我们说话的过程其实就是论证的过程，就是各自用论据来证明论点的过程。因为论证过程相对复杂，所以对方在论证过程中常常会出现各种各样的漏洞，暴露出弱点。这时，我们不妨针对对方的论证方式寻找进攻点。请看下面这则小故事。

　　王东是某中学初一（3）班的同学，他经常去学校小卖部买一个两块钱的面包作为自己的早餐。一天，当他再次去小卖部买面包时却发现面包比以往要小得多，于是就对老板说："这面包怎么比平时要小一半啊？"

　　老板狡辩说："哦，不要紧，小的东西拿起来方便，小面包你拿起来不是更方便了吗？"

　　王东心中虽然很生气，但不便和老板来硬的，于是在付钱时，他拿了一块钱给老板就离开了小卖部。

　　老板赶紧叫住王东："喂，面包是两块钱一个，你还没有给够钱呢？"

　　王东不慌不忙地回答："不要紧，这样你数起来不也方便了吗？"

老板的说话中出现了一个很明显的漏洞，他以"小的东西拿起来方便"引出了"小面包你拿起来不是更方便了吗"的狡辩，而王东正是紧紧地抓住了对方话中的漏洞，故意少给钱，在回答上仿照对方的逻辑幽默的回答"这样你数起来

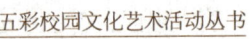

不也方便了吗？"，让对方无话可说。

青少年朋友，在我们的生活中，有时会遇到一些不容讲理、不能讲理或根本不讲理的人或事，这时只要我们仔细思考，找出对方的漏洞，使用简短机智的幽默巧言，就会很有成效。只要我们能够顺利的处理生活中旁人对自己的蛮不讲理，我们的口才也就会一天比一天更加优秀了。

巧妙拿自己开开玩笑

青少年朋友，在社交场合中，我们很容易就陷入了尴尬的情景，这时，我们可以拿自己开开玩笑，就可以收到妙趣横生，意味深长的效果。

传说古代有个石学士，一次骑驴不慎摔在地上，一般人一定会不知所措，可这位石学士不慌不忙地站起来说："亏我是石学士，要是瓦的，还不摔成碎片？"

一句幽默的妙语，说得在场的人哈哈大笑，自然这石学士也在笑声中免去了难堪。以此类推，下次换我们自己摔倒了，如果我们是个大胖子，可以说："如果不是这一身肉托着，还不把骨头摔折了？"如果我们是个瘦子，又可以说："要不是重量轻，这一摔就成了肉饼了！"

可以说，拿自己开开玩笑不失为一种良好修养，一种充满幽默的交际技巧。这既能制造宽松和谐的交谈气氛，使自己活得轻松洒脱，更能使人感到我们的可爱和人情味，有时还能更有效地维护面子，建立起新的心理平衡。为此，我们青少年在社会交往中，要学会自嘲，才会更成熟！

以谬制谬的幽默用法

青少年朋友，在日常交际中，面对他人的谬论，如果我们一本正经地摆事实、讲道理，多费口舌不说，倘若碰到一个蛮不讲理的人，他还有可能胡搅蛮缠、大讲歪理。

因此，一种极为可取的方法是，我们先不妨"默认"对方的谬论，然后再以此为前提，用同样荒谬的言论予以反击，既能使对方陷入无言以对之境，又可以给人以幽默诙谐之感。请看下面这则故事：

五四青年节快到了，某中学初二三班接到演出任务，决定排练一个酒后驾车的小品。

这天下午，周宇、马晓伟和杜飞进入了紧张的排练。

周宇出演爱喝酒的驾驶员，他不喜欢这个角色，但又不好意思说。因此在排练时一直不能进入状态。

这时，出演交警角色的马晓伟问："周宇你这是怎么了，眼看演出的时间就要到了，你却总是不上心，我们可不能给班级丢脸啊！"

听到马晓伟这么一说，周宇正中下怀，便故意习难说："你让我演一个酒鬼，可我酒都没有喝过啊！想要让我演好，你要给我买一瓶酒让我喝了感受一下才行！"

马晓伟听出这是周宇在故意出难题，一下子识破了他的诡计，便笑吟吟地说："这个倒不难，我这就给你到小卖部买瓶酒让你喝了体验一下。不过，一会还要演酒鬼撞车时，又该怎么办呢？你会不会也要亲自体验一下呢？"

周宇立即不好意思地连连挠头说道："我说着玩的呢！现在我们开始排练吧！"

面对周宇的荒谬提议，马晓伟没有直接反驳，而是假装同意周宇的荒谬，再提出后面的"要演酒鬼撞车时，又该怎么办呢？"疑问，让周宇的荒谬提议不攻自破，这便是以谬制谬的语言技巧。

依照对方逻辑幽默回答

朋友，大家都听过相声，其中相声艺术具有一种表现形式叫做"错位"，那就是让一个特定的场合是不和逻辑的，最终造成笑料百出的结果。

相声毕竟只是相声，在现实生活中，如果依照常规的方式和态度说话，我们常常会处于被动成为他人的笑柄，而如果我们能够依照他人的逻辑用幽默的话语来回答，则会使对方成为我们的笑料。

一天，放学路上，某中学高一（2）班的同学刘一凡和自己的同学何大山说发生在邻居家的事：邻居江叔叔是个下岗职工，家里经济状况很窘迫，前几天突然接到一个从厦门

打来的电话，说他的姑姑不幸去世了，由于姑姑没有子女，便要把她辛苦经营了一辈子的一间商店送给江叔叔。于是江叔叔赶紧借钱坐飞机去厦门，可是赶到厦门时，才发现姑姑的商店在前一天被一场大火烧了个精光。从厦门回来后，江叔叔十分沮丧，整天只知道怨天尤人……

讲到这里，刘一凡感慨地对何大山说："人啊！面对苦难要摆正心态才是，本来就不曾拥有的东西，就更谈不上失去呀，我觉得，他不应该跟自己过不去，是吧？"

刘一凡本来是想表达"人面对苦难要学会坚强，调整好心态。"这个观点的，但何大山却故意诡异的一笑，说："照你这么说，你从来没有失去的东西，就一定是你已经拥有的了，对吗？"

刘一凡没想到他会这么问，愣了一下，很快便组织了语言进行反驳："照你的逻辑，你从来没有丢失百万巨款，这就说明你是个百万富翁，对吗？"

何大山挠挠头，无力辩驳，尴尬地笑了。

在生活中，面对他人的明显荒谬、失之偏颇的诘问，我们可以以对方同样逻辑的诘问进行反驳，达到谈话取胜的目的。

故事中两人的谈话就是一场以幽默收场的辩论。何大山的诘问中藏着一个圈套，想让刘一凡上当，使他承认自己"没有失去的，就是拥有的"这个观点，然后玩弄诡辩，得出诸如"你从未失去的东西，说明你已经拥有了这种东西"等这类荒谬结论。

面对他的诘问，刘一凡看出了他使花招的用意，巧妙地用同样的诘问来反驳了他，在何大山尚未来得及玩弄诡辩伎俩之前，先来一个幽默的反击，依照何大山的逻辑思想，使用具体的假设"你从来没有丢失百万巨款，这就说明你是个百万富翁"这样明显荒谬的结论，把他想进一步得出的诡辩结论当做武器，抢先投给了他，使其顿然语塞，哑口无言。

善用悬念达到幽默效果

青少年朋友，你知道吗？在与他人聊天讨论中，如果我们善于利用悬念和人说话，不仅会让我们的聪明才智得以发挥，还会很容易引起幽默的效果，让我们和他人的说话更加轻松愉快。

这种幽默方法一般是先把自己的思路纳入对方的思维轨道，然后突然来个急转弯，把对方置入困惑的境地，再用关键性话语一语道破，起到画龙点睛的作用，让听众在出乎意料中捧腹大笑。而幽默的最高境界即在于此。

从前，美国有个倒卖香烟的商人到法国做生意。一天，在巴黎的一个集市上他大谈抽烟的好处。突然，从听众中走出一个老人，径自走到台前。那位商人吃了一惊。

老人在台上站定后，便大声说道："女士们，先生们，对于抽烟的好处，除了这位先生讲的以外，还有三大好处哩！"

美国商人一听这话，连向老人道谢："谢谢您了，先生，看你相貌不凡，肯定是位学识渊博的老人，请你把抽烟的三大好处当众讲讲吧！"

老人微微一笑，说道："第一，狗害怕抽烟的人，一见就逃。"台下一片轰动，商人暗暗高兴。

"第二，小偷不敢偷抽烟者的东西。"台下连连称奇，商人更加高兴。

"第三，抽烟的人永远不老。"台下听众疑惑不解，商人更加喜不自禁。听众中要求解释的声音一浪高过一浪。

老人把手一摆，说："请安静，我给大家解释！"商人格外振奋地说："老先生，请您快讲！"

"第一，抽烟人驼背的多，狗一见到他以为是在弯腰捡石头打它哩，能不害怕吗？"台下笑出了声，商人心里一惊。

"第二，抽烟的人夜里爱咳嗽，小偷以为他没睡着，所以不敢去偷。"台下一阵大笑，商人大汗直冒。

"第三，抽烟人短命，所以没有机会衰老。"台下哄堂大笑。此时，大家发现商人不知什么时候溜走了。

这则幽默一波三折，层层推进，一步一步把听众的思维推向迷惑不解的境地，在把听众的胃口吊得足够"高"时，才不慌不忙地把真实意思表达出来。不过，在我们日常聊天讨论中，使用悬念幽默术时，还必须要注意以下两点：

1、不要故弄玄虚

因为任何幽默都要求自然得体、顺理成章。如果故弄玄虚，就不但不能让人产生幽默，反而会让人觉得无聊甚至反感。

2、做好充分的铺垫

制造悬念时，我们要做到天衣无缝，让听众对结果产生错误的预料，然后就在听众的急切要求下再把结果娓娓道来。让听众有个缓冲时间，这样听众就能更加深刻地领略其间的奥妙。

作为青少年，我们应该知道，在说话时，随时保持幽默，可以使大家觉得我们是个和蔼亲切的人，自然也愿意和我们交谈亲近。这样，不仅可以使我们的口才越来越好，而且还会让我们的交际能力越来越强。

一语双关的含蓄幽默术

平时我们说话，通常都是一是一，二是二，语言概念不能朦胧模糊，或者任意偷换。否则语意表达不明，与人的交流就无法深入下去。所谓一语双关式的幽默，是指在一定的语言环境中，利用语言的同义、谐意关系或能容纳不同内涵的概念，使我们组织起来的语句，有意识地具有双重意义。简言之，就是"话中有话"。

从前，有个人以为教书省心省力，但他只会《百家姓》头一句：赵钱孙李。就凭这，他便开始教书了。

他教得很仔细，一个字教好多天，学生、家长催他，他说："不急，不能急！"

久而久之，学生的家长犯了猜疑，教书先生也害怕被识破。一天，他领了工钱，趁天黑便悄悄地跑了。家长发现受了骗，提上灯笼，拿上棍子，紧紧追出村子，边追边喊，要

把他抓回去狠揍一顿。

教书先生吓得一头钻进谷草垛。家长打着灯笼找了半天没找到，自认倒霉，骂骂咧咧地回去了。

过了不久，这人又到别的村去教书混饭吃。人家问他："你的学问怎么样呀？"

他说："学问深浅一时难以说清，跟你这么说吧，我原先教过书，后来我不干了，他们还打着灯笼找我呢！"

这位教书人正是利用一语双关的幽默术，让人着实笑了一把。可以说，和其他幽默比起来，双关语是一种机智幽默，它很少能引起大笑，更多引起的是微笑。它要求人们把幽默的语言看作是精神游戏，从而产生一种全新的趣味横生的幽默。

一般而言，大家很喜欢一语双关式的幽默。这种幽默有一定难度，在运用之前必须找到一个能容纳不同意思的概念或词语，还要使两个概念在具体上下文中同时显现。

运用一语双关，可以把我们的攻击锋芒掩盖起来，让对方在看似温和的言辞中，明白自己真正的意图。它的效果将使我们的智慧、情感和人格得以升华，使我们的社交、交谈立于不败之地。

打个比方，有不很熟悉的人向我们借钱，并要求我们替他保密，而我们并不想借钱给他，应该怎样拒绝他的请求？直接回绝或许有些不妥，我们倒不如故作神秘地对他说："你放心，我一定替你保密，这事儿我就当没听见一样。"

这里的"就当没听见"，不仅指对方的保密要求，也暗含了对方借钱的要求。既然没听见借钱的要求，自然也不会借钱给他。这个小幽默的精妙全在于此。

口才的训练方法

青少年朋友，当你看到那些成功的人无论在何时何地都能泰然自若、口吐莲花地完成每一次演讲的时候，你是否也和我一样羡慕他们有一张能说会道的嘴呢？也许你会说："是的，我真希望自己和他们一样！"

其实，大量的事实证明，在这些成功人士当中，只有很少部分的人是天生的演说家，而绝大多数的人，都是通过后天训练得来的。

美国前总统林肯为了练口才，徒步30英里，到一个法院去听律师们的辩护词，看他们如何辩论，如何做手势，他一边倾听，一边模仿。

他听到那些云游八方的福音传教士挥舞手臂、声震长空的布道，回来后也学他们的样子。他曾对着树、树桩、成行的玉米练习自己的说话能力，经过长期的刻苦训练，最终成为一位口若悬河、能言善辩的演讲家。

日本前首相田中角荣，少年时曾患有口吃病，但他不被困难所吓倒。为了克服口吃、练就口才，他常常朗诵、慢读课文，为了准确发音，他对着镜子纠正嘴和舌根的部位，严肃认真、一丝不苟。

我国早期无产阶级革命家、演讲家萧楚女，更是靠平时的艰苦训练，练就了非凡的口才。萧楚女在重庆国立第二女子师范教书时，除了认真备课外，他每天天刚亮就跑到学校后面的山上，找一处僻静的地方，把一面镜子挂在树枝上，对着镜子开始练演讲，从镜子中观察自己的表情和动作，经过这样的刻苦训练，他掌握了高超的演讲艺术，他的教学水平也很快提高了。1926年，他30岁，就在毛泽东主办的广州农民运动讲习所工作，他的演讲至今受到世人的推崇。

我国著名的数学家华罗庚，不仅有超群的数学才华，而且也是一位不可多得的"辩才"。他从小就注意培养自己的口才，学习普通话，他还背了唐诗四五百首，以此来锻炼自己的"口舌"。

这些名人与伟人为我们训练口才树立了光荣的榜样，我们青少年要想练就一副过硬的口才，也必须像他们那样，一丝不苟、刻苦训练，正如华罗庚在总结练"口才"的体会时说的："勤能补拙是良训，一分辛劳一分才。"

这里，专门为你推荐几种练习口才的适用方法，我们一起来学习一下吧！

速读法

这里的"读"指的是朗读，是用嘴去读，而不是用眼去看，顾名思义，"速读"也就是快速的朗读。这种训练方法的目的，是在于锻炼我们口齿伶俐、语音准确、吐字清晰。

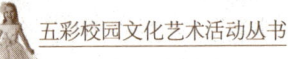
背诵法

相信你和我一样，都有背诵课文的经历。这些课文或是诗歌，或是散文，或是小说。我们背诵它们时的目也是各有不同的。有的是因为老师要求必须背诵，而不得不背；也有的是为了记忆下某个名诗、名句，以此来丰富自己的文学素养。而我们这里提倡的背诵，主要的目的是在于锻炼我们的口才。

我们要求的背诵，并不仅仅要求你把某篇演讲词、散文背下来就算完成了任务，我们要求的背诵，一是要"背"，二还要求"诵"。这种训练的目的有两个：一是培养记忆能力，二是培养口头表达能力。

记忆是练口才必不可少的一种素质。没有好的记忆力，要想培养出口才是不可能的。只有大脑中充分地积累了知识，我们才可能张口即出，滔滔不绝。如果我们的大脑中一片空白，那么就算我们再怎么伶牙俐齿，也无济于事。记忆与口才一样，它并不是一种天赋的才能，后天的锻炼同样起着至关重要的作用，"背"正是对这种能力的培养，为此，在生活中，青少年朋友，我们要多多背诵有用的知识哦！

练声法

练声也就是练声音、练嗓子。平时，我们都喜欢听那些饱满圆润、悦耳动听的声音，而不愿听干瘪无力、沙哑干涩的声音。所以锻炼出一副好嗓子，练就一腔悦耳动听的声音，是我们良好口才的另一个必做的事情。练声的方法是：

1、第一步，练气

俗话说练声先练气，气息是我们身体发声的动力，就像车上的发动机一样，它是发声的基础。气息的大小对发声有着直接的关系。气不足，声音无力，用力过猛，又有损声带。所以我们练声，首先要学会用气。

（1）吸气。吸气要深，小腹收缩，整个胸部要撑开，尽量把更多的气吸进去。我们可以体会一下，当自己闻到一股香味时的吸气方法。不过，这里还需要注意的是，我们在吸气时不要提肩。

（2）呼气。呼气时要慢慢地进行。要让气慢慢地呼出。因为我们在演讲、朗诵、辩论时，有时需要较长的气息，那么只有呼气慢而长，才能达到这个目的。练习呼气时，我们可以把两齿基本合上。留一条小缝让气息慢慢地通过。为了这项练习，我们还应多做一些下面的练习：

第一，深吸一口气。数数，看能数多少。

第二，跑20米左右，然后朗读一段课文，尽量避免喘气声。

第三，按字正腔圆的要求读成语：英雄好汉→兵强马壮→争先恐后→光明磊落→深谋远虑→果实累累→五彩缤纷→心明眼亮→海市蜃楼→优柔寡断→源远流长→山清水秀。

（3）体态。进行气息训练时，标准姿态是要求保持肩平颈正，双手位置可提在胸腹间或自然垂直两侧，全身放松。

2、第二步，练口腔

也就是在练发声以前先要做一些准备工作。先放松声带，用一些轻缓的气流振动它，让声带有点准备，发一些轻慢的声音，千万不要张口就大喊大叫，否则会对声带起破坏作用。这就像我们在做激烈运动之前，要做些准备动作一样，否则就容易使肌肉拉伤。

声带活动开了，我们还要让口腔做一些准备活动。我们知道口腔是人的一个重要共鸣器，声音的洪亮、圆润与否与口腔有着直接的联系，所以不要小看了口腔的作用。口腔活动可以按以下方法进行：

（1）练习张闭口。进行张闭口的练习，活动嚼肌，也就是面皮，这样等到练声时嚼肌运动起来就轻松自如了。

（2）挺软腭。这个方法可以用学鸭子叫"嘎嘎"声来体会。人体还有一个重要的共鸣器，就是鼻腔。有人在发音时，只会在喉咙上使劲，根本就没用上胸腔、鼻腔这两个共鸣器、所以声音单薄，音色较差。

练习用鼻腔的共鸣方法是，学习牛叫。但我们一定要注意，在平日说话时，如果只用鼻腔共鸣，那么也可能造成鼻音太重的结果。我们还要注意，练声时，千万不要在早晨刚睡醒时就到室外去练习，那样会使声带受到损害。特别是室外与室内温差较大时，更不要张口就喊，那样，冷空气进入口腔后，会刺激声带的。

当你掌握了这一切的时候，慢慢练习下去会做到声音洪亮如钟。当然并不是所谓的河东狮吼式的，那样你还没有说几句便没声音了。

（3）练习吐字。吐字似乎离发声远了些，其实两者是息息相关的。只有发音准确无误、清晰、圆润，吐字也才能字正腔圆。

可以先从绕口令开始，主要是为了帮助大家训练口齿伶俐、语音准确、吐字清晰、用气自如、圆润集中、字正腔圆、助于表达。训练时，要求大家一定要按照正确的发音部位和发音方法练习。一方面要注意纠正自己的发声缺点、弱点、毛病；另一方面还要利用和发挥自己的长处，扬长避短。这里推荐的绕口令有：

八面标兵奔北坡，炮兵并排北坡炮；炮兵怕把标兵碰，标兵怕碰炮兵炮。

哥挎瓜筐过宽沟，赶快过沟看怪狗；光看怪狗瓜筐扣，瓜滚筐空怪看狗。

洪小波和白小果，拿着箩筐收萝卜。洪小波收了一筐白萝卜，白小果收了一筐红萝卜。不知是洪小波收的白萝卜多，还是白小果收的红萝卜多。

绕口令练起来有些绕口、难发音，但它却是学说好普通话必不可少的练习材料，通过绕口令的练习不仅可以加强咬字器官的力度，提高发声器官的灵活度，同时也可以有效地锻炼呼吸的控制能力。

　　练习时，最初应特别注意字音质量，要把音发准，劲使稳，打开胸腹，利索收音，做到吐字准确、清晰、圆润。然后由慢到快，逐渐加速，可按音、字、词、句、段五步练习法循序渐进。我们知道，绕口令练习并非只是耍嘴皮子，而是既练"嘴劲"，又要练"心劲"，所以不能一味求快。

　　在训练中，我们还要注意结合气息控制练习。在开口前要注意放松喉部、气息下沉。"运行"当中要补气自如，轻松流畅，字音速度由慢渐快，要做到慢而不断，快而不乱，最后还要注意做到内容清楚、感情充沛。因为气是发声的动力，气息调整不好，字的"运行"就会发生故障，声音的质量也就无法保证。

复述法

　　复述法，就是把别人的话重复一遍。这种方法在课堂上使用的较多。如老师让我们看一段幻灯片，然后请同学复述幻灯片的情节或人物的对话。这种训练方法的目的，在于锻炼我们的记忆力、反应力和语言的连贯性。

这种方法的具体做法是，选一段长短合适、有一定情节的文章。最好是小说或演讲词中叙述性强的一段，然后请朗诵较好的同学进行朗读，最好能用录音机把它录下来，然后听一遍复述一遍，反复多次地进行。直到能完全把这个作品复述出来。

复述的时候，我们可以把第一次复述的内容录下来，然后对比原文，看自己能复述多少，重复进行，看多少遍自己才能把全部的内容复述下来。这种练习绝不单单在于背诵，而在于锻炼语言的连贯性。如果我们能面对众人复述就更好了，它还可以锻炼我们的胆量，克服我们的紧张心理。

模仿法

青少年朋友，我们从小就会模仿，模仿大人做事，模仿大人说话。其实模仿的过程也是一个学习的过程。我们小时候学说话是向爸爸、妈妈及周围的人学习，向周围的人模仿。那么我们练口才也可以利用模仿法，向这方面有专长的人模仿。这样天长日久，我们的口语表达能力就能得到提高。这种方法的具体做法是：

1、专人模仿

在生活中找一位口语表达能力强的人，请他讲几段最精彩的话，录下来，供我们进行模仿。也可以把我们喜欢的、又适合自己模仿的播音员、演员的声音录下来，然后进行模仿。

2、专题模仿

几个好朋友在一起，请一个人先讲一段小故事、小幽默，然后大家轮流模仿，看谁模仿得最像。为了刺激积极性，也可以采用打分的形式，大家一起来评分，表扬模仿最成功的一位。这个方法简单易行，且有娱乐性。课上、课间、课后都可进行。只要有三四个人就能进行。

运用这个方法时，需要注意的是，每个人讲的小故事、小幽默，一定要新鲜有趣，大家爱听爱学。而且在讲以前一定要进行一些准备，一定要讲准确、生动、形象，千万不要把一些错误的东西带进去，否则模仿的人跟着也模仿错了，就会危害到很多人。

3、随时模仿

我们每天都听广播、看电视、电影，这时，我们可以随时跟着播音员、演员进行模仿，注意他们的声音、语调，他们的神态、动作，边听边模仿，边看边模仿，天长日久，我们的口语能力就得到了提高。而且还会同时增加自己的词汇，增长自己的文学知识。

不过，在模仿时，我们要尽量模仿得很像，要从模仿对象的语气、语速、表情、动作等多方面进行模仿，并在模仿中有创造，力争在模仿中超过对方，这样才能达到最佳的效果。

描述法

小的时候我们都学过看图说话，描述法就类似于这种看图说话，只是我们要看的不仅仅是书本上的图，还有生活中的一些景、事、物、人，而且要求也比看图说话高一些。简单地说，描述法也就是把我们看到的景、事、物、人用描述性的语言表达出来。

扮演法

角色一词，我们是从戏剧、电影中借用来的，是指演员扮演的戏剧或电影中的人物。我们这里的角色，与戏剧、电影中讲的角色，有着相同的意义。

角色扮演法，就是要我们学演员那样去演戏，去扮演作品中出现的不同的人物，当然这个扮演主要是在语言上的扮演。其具体做法是：

选一篇有情节、有人物的小说、戏剧为材料；对选定的材料进行分析，特别要分析人物的语言特点；根据作品中人物的多少，找同学，分别扮演不同的人物角色。比比看，谁最能准确地扮演自己的角色；也可以一个人扮演多种角色，以此培养自己的语言适应力。

这种训练的目的，在于培养我们的语言的适应性、个性，以及适当的表情、动作。

讲故事法

青少年朋友，我们应该或多或少的听过故事，但是不是都能讲出来故事呢？那就不一定了。讲故事看起来很容易，要真讲起来就不那

么容易了，常言说："看花容易绣花难。"呀！

听别人讲故事绘声绘色，很吸引人，有些朋友听起故事来甚至都可以忘了吃饭、睡觉，可是自己一讲起来，仿佛就不是那么回事了，干干巴巴、毫无吸引力。因此，讲故事也是一种才能，并不是人人都可以把故事讲好的。而学习讲故事也是锻炼我们口才的一种好方法。

实战训练

当我们在不同场合、面对不同观众当众发言时，如果由于紧张怯场、面红耳赤、大脑空白、思维混乱、语无伦次；重点不明、言之无物、条理不清；无文采，无新意；缺乏感染力、吸引力，说服力……时，不善表达不但会使我们自己的个人能力受到质疑，还会为自己设置一定的发展障碍，严重影响我们的人际交往。

为此，我们需要知道，口才的提升不在于自己背诵了多少演讲技巧，而在于我们通过实践把知识转化为技能并变成自己的习惯才是最重要的。

最后，还需要提醒的是，我们做任何事情都不是一蹴而就的，当然训练口才也并不是一朝一夕的事情，所以，我们在训练时，要坚持不懈，每天都抽时间练习，才能将自己的口才越练越好。当我们有一天真正地变得能说会道时，我们自然就成为了一个拥有好口才，并让大家喜爱的阳光青少年了！

口才的提升方法

　　有没有发现绝大多数成功人士都是善于演讲的沟通大家？诸如马云、俞敏洪等著名的企业家都是有好口才的人。我们都会说话，但是一遇到公众场合或者需要自己解决问题的时候，为什么就一再退缩，甚至开始口吃结巴呢？提高口才就需要先解决口才面临的问题。

解决口才面临的问题

1、不知道说什么好

　　脑袋里有东西，但不知道如何挑选和组织。这个就要看在什么场

合了。如果是开会发言或讨论问题，那就要看会议的主题和讨论的问题是什么。围绕主题和中心来确定自己要讲的内容。其实这也像写文章一样，确定你的论点，然后找出几个论据或理由来说明或证明你的观点正确。

　　这就需要打足精神，听清人家在讲什么，做好笔记，在梳理概括后形成自己的看法，用提纲形式简略写

在笔记本上，然后根据提纲来讲。这是在正规的会议场合。至于其他情况，那是到什么山上唱什么歌，对什么人说什么话。

2、没有什么可说

这个表现为大脑一片空白，什么也说不出来。这就关系到一个人的知识积累和经验积累了。如果一个人的知识非常贫乏，也没有什么阅历和经验，那么要他能有好的口才，确实很难。从这个角度来讲，知识越多越广博，经验越丰富就越好。所以这需要我们加倍地认真学习各方面的知识，提高自己各方面的知识水平。

作为青年人，特别是不断争取上进的青年人来说，学习更加重要，这就不仅仅关乎口才问题了。所以，大家有时间要多看报、多学习，学习科学技术文化知识、学习哲学、法律、管理方面的知识。

3、胆怯、怕、不敢说

平时说说笑笑可以，一到正规场合，就不敢开口，话说不出来，冷汗倒冒出来。这是心理方面的因素，这可能是从小性格比较内向、不爱说话，慢慢形成一种恶性循环，越不说就越说不好，越说不好就越不敢说，越不敢说就越少说，越没有信心说。

关键是要有第一次，打破这个恶性循环就好办了。要找个机会，下定决心讲第一次。比方要开会，需要大家发言的，就在会前做好准备，打好草稿，更极端一点，不妨写好讲稿，把它背熟。第一次可能不那么顺当，但有了第一次，第二次、第三次就好办了，肯定会越来越顺当，感觉也会越来越好

所以练好口才关键是要树立信心，说话谁都行，就是要敢说。同时，也不要怕人家笑话，善意的笑话当作一次督促，恶意的不必去理他，因为这样的人不值得与之计较。如果就因为人家一次笑话就不敢说，就失去信心，那才是因噎废食、因小失大了。

4、说得杂乱无章，词不达意

这是水平问题了。要解决这个问题，思维要清晰，语文水平要提高。这里重点讲一下语文水平问题。有人认为已经从学校毕业那么多年了，谈不上提高语文水平了，怨只好怨自己以前没有好好读书了。

其实不是这么一回事。一个人的语文水平主要不是课堂上得来的。而是通过大量的阅读，日积月累得来的。书读多了，语文水平自然就提高了。语文水平的提高，主要就是要靠多读。读就要读一些名著，读名家写的东西。

5、说得干巴巴的、枯燥无味

说话确实是一门艺术。同样一件事，有人可以舌灿莲花，讲得非常生动，可以令人捧腹，也可以令人落泪，使人就如亲临其境；但有的人就不行，讲半天，啰啰嗦嗦、不知所云。如何把话说得更生动、更有味道、更使人爱听，这里给大家几点建议：

（1）要有幽默感。幽默的语言风趣、诙谐、意味深长，使人得到的感触就是精神上的愉悦和满足。幽默感可能有点天生的味道，有的人生来就很幽默，一张口就能让人捧腹，也有的人可能一辈子都没说过一句能让人笑的话。但不管怎么说，只要用心去学、去模仿，变得比较幽默一些是可以的。这里讲几种制造幽默的方法。

实话虚说，虚话实说，故意混淆本义和引申义。这可有如下方法：一是把原本比喻硬理解为被比喻本体或相反，二是把抽象的概念硬作具体化，把具体的东西硬是抽象化，或者把两者当作一回事。

利用谐音来制造幽默。这种幽默只能在口头上发挥，书面是不行的。它利用的是说话人说的是一个词语，听的人却把它听成（或者是故意听成）另一个同音的词语。

故意不把话说完整，留给别人想象和引申的余地。营造一些幽默气氛。

偷换概念。故意用歧义词来构成幽默。所谓歧义词是指有几种不同解释甚至意义相反的词。汉语一词多义的特性最能满足幽默矛盾性的特性。故意选择有歧义的词语造成思维逻辑的矛盾，由此而产生幽默的效果。这是最常见的一种幽默方式。

有时还可以用方言，或者普通话不准来制造幽默。这也是一种谐音幽默。如有这么一个笑话，一批大学新生正在进行军训。这天，指导员操着方言说："今天，一班杀鸡，二班偷蛋，我来给你们做稀饭！"同学们听了面面相觑，搞不清这算什么训练内容。后来一个同学看了指导员的动作，才明白过来："他说的是，一班射击，二班投弹，我来给你们做示范！"

幽默的方法还有很多，这里是讲几种常见的、容易学习的。

（2）要注意语言修辞。要说好话，光有幽默感还不行，庄重的场合你一味幽默，可能就会让人感到你油嘴滑舌，浅薄和没有修养。所以还要注意语言的修辞。在一般的口头表达上常用的修辞手法有比喻法、夸张法、排比法、数字归纳法等。适当运用这些方法，可以使语

言生动有趣，不会干巴巴的。

比方说，我要称赞阿红，可以这样说，"阿红，你很美"，也可以这样说，"阿红，你美得就像天山上的雪莲一样"。阿红肯定更喜欢听后面这句，后面就用了比喻。当然比喻要有新鲜感，老重复别人的，就没有味道了。

大家也听过这句话"第一个把女人比作花的是聪明人，第二个再把女人比作花的是庸人，第三个再把女人比作花的人就是蠢材了"。夸张也是很常用的。还有排比法。排比法能给人一种气势，给人一种非听下去不可的感觉。

（3）要有文学素养和历史知识。在讲话中适当用一些成语典故、诗词歌赋、名人的名句，可以使你的讲话给人一种知识渊博、水平很高的感觉。这里顺便说一下，讲话表现得更有水平和文学素养是对的，但不能不懂装懂，闹出笑话来。有些把握不准读音的字，一定要去查字典。现在有些朋友不在乎读错别字，这使我感到很吃惊。在适当的时候、场合，有意运用成语典故、诗词名句，可以收到意想不到的效果。

（4）讲话最好有一定哲理。这个难度比较高，但也不是不可企及。所谓哲理，就是能在讲话中体现一种全面的辩证的观点，抓住本质必然的东西，点出内在规律，具有前瞻性、言简意赅，给人以启迪。

具有哲理的语言，看起来是简单的句子，但往往包含着深刻的内容，使人越咀嚼就越有味。可以举几个例子：马克思最尊崇的辩证法大师黑格尔说过这么一句话："同是一句格言，在年轻人和老年人的口中说出来，具有不同的广袤性"。这就是一句很有哲理的话。

它的意思是说，关于人生的同一句格言，年轻人会讲，老年人也会讲。但是他们所体会的意义则迥然不同。尽管年轻人也可以正确地表述这句格言，但他绝对体会不到这一格言内涵中的那种深刻性和广袤性。

我们再举黑格尔的一句话，他有一次讲到研究哲学不容易早出成果时，这样讲："哲学就像猫头鹰，傍晚才起飞。"这句话的内涵就非常丰富，它是说，哲学不像数学或物理那样，二三十岁甚至更早就可以出成果，甚至成名成家，哲学更多的是人生与阅历的总结，是对各门学科和知识的概括与总结，所以要穷尽毕生的精力，才能出成果。傍晚是比喻晚年，所以说傍晚才起飞。

（5）沉默是金。确实有不少人信奉这句话，甚至将它作为一个处世哲学。我也很欣赏这句话中包含的哲理。不该说的话，"沉默是金"；不该说的时候，"沉默是金"；不该说的场合，"沉默是金"；不该说的对象，"沉默是金"；表示无声抗议的时候，"沉默是金"。

除了这些，还有什么时候会沉默呢，那就是自己不懂、不知道、没有把握和无话可说时会沉默。所以并不是所有的沉默都是金，过多的沉默，会让人认为你什么都不懂，没有主见和立场。所以，该出口时还是要出口。你可以把沉默是金当作原则，但是原则性也要和灵活性结合起来。

提高口才的方法

我们很多人都需要提高自己的口才，才能够在职业生涯中博得一份成功。上面我们讲到了口才可能会遇到的一些问题。那么，如何提高自己的口才，这里和大家分享一下我提高自己的口才的经验和方法。

1、制定计划，系统学习

前面的几点都是很重要的，而更重要的是，自己要有一个提高的计划。规定好自己需要多长时间把自己的口才练好。然后，再进行系统的学习。从一点一滴做起，慢慢地来。自然而然，口才能力就越来越好了。

2、付出行动，持之以恒

除了以上的方法外，最重要的是要有一颗自信的心，和付出实际行动勇于练习的坚持，不论多美好的期待，不付出行动永远都停留在徒劳的街角。所以自身对自身的约束、自律自觉的心态也很关键。

3、阅览书籍，掌握知识

就像做米饭要先有米才能煮饭一样，没有知识，不懂各个领域的内容、发展及变化情况，只会空有一张嘴，依然会时刻都无话可说。所以掌握多方面知识内容是提高口才的大前提，心中有墨很重要。

4、多交朋友，广结人脉

不要仅仅局限在你的那么几个同事或者死党周围，这样只能导致你的圈子很小，也不利于口才能力的提高。要多交朋友，广结人脉，交不同类型的朋友，和他们探讨不同的话题，吸收他们说话时的语言和知识，对提高口才能力有很大的帮助。

5、善于倾听，勤于学习

口才能力的提高光凭借自己的嘴说是远远不够的。要在适当的时候倾听别人的演讲，学习别人的语言，只有勤于学习，才能真正地提

高自己。无论是在电视中的演说还是日常生活中的活动，都要在其中找到自己学习的点，努力向他们靠拢。

6、嘴巴张开，永不停歇

口才能力的提高不是光凭脑子想就可以实现的，还需要自己多说，尤其是要多加锻炼。口才就是张嘴说的艺术，不张嘴说话，口才能力也永远不能提高。凡事都有第一次，要勇于在公众场合露面和演讲，就算第一次再不成功，受到再多人的嘲笑，也要多说多练。

7、即兴发挥，语言积累

比如朗读诗歌、有声阅读小说及报纸的练习，这是一种语言表达的训练，对各种语句模式的积累，断字、断句、情感表达的实际体验；同时可以对不同群体进行即兴发挥的口才练习，包括不相识的推销员等等。只要坚持训练，就会在不知不觉中获得很好的提高。

8、徜徉书海，知识积淀

漫无目的的口若悬河也不是好的口才，胡说不是本事，有理论根据地说出来才是真能力。口才的提高还是需要知识的积淀，多看书，多做读书笔记，对口才的提高是绝对有好处的。当你滔滔不绝地演讲时，引经据典，那会使听众心生羡慕，也会使你的口才提高很快。

9、参加活动，寻找机会

大学生可以参加校园组织的演讲比赛、辩论赛；或者小区内部组织的联谊赛、表演赛；公司组织的年会节目、相声、小品等；社会组织的其他公益活动等，只要是聚集人群，有语言思想交流、气氛活跃的活动都可以参加，这种形式不同于自我的书本朗读训练，很有实战效果，对自身应对心里、现场掌控能力等会是很好的锻炼和提高。

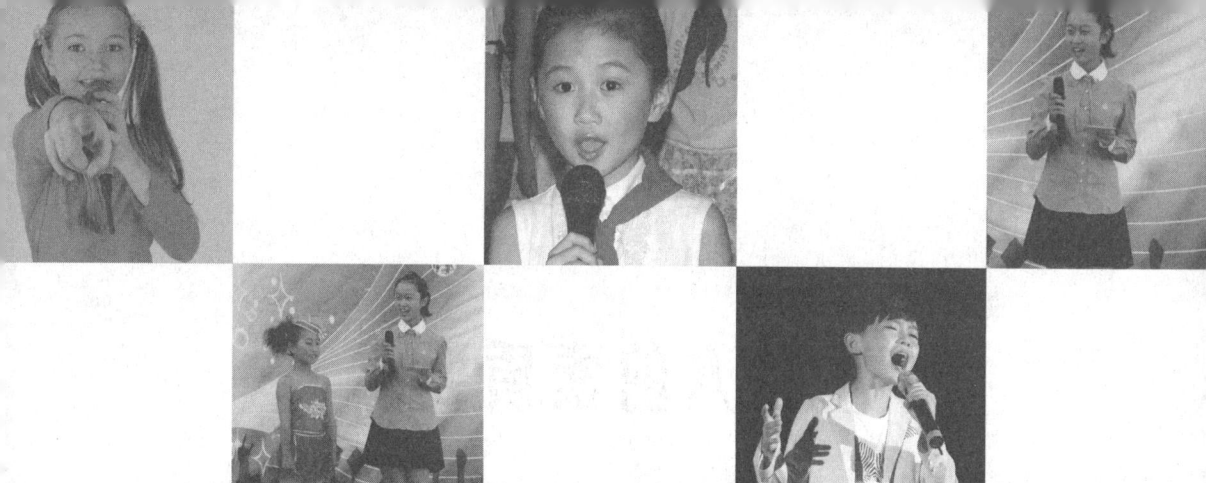

NO2.校园主持活动学习指导

主持人的素质要求

时代的发展，社会的进步，对主持人提出了更高、更新、更难的要求，这种要求是多层次、多领域的，不同时期有不同的内容。为了适应这些要求，主持人必须提高自身素质，才能在节目主持时展现新的风姿、新的形象。主持人的素质必须在许多方面有所作为。

博览群书，具有丰富知识

当今社会是个知识、信息爆炸的社会，人们在进行工作或互相交流时都包含着知识输出的成份。

一个主持人，面对无数的观众，其中有许多是在各方面都有所造就的专门人材，也有相当一部分人期望从你的传播当中获得前所不知的东西，而你主持节目的时候，连一些基本概念都搞不清，就很难与专门人才自如地进行探讨、切磋，产生共鸣，对一些期望得到有益东西的人来说，就会令他们失望。

国内外的一些著名的主持人，之所以受欢迎，就是因为他对观众来说是一本教科书，是个知识的宝库，看了他们的主持，人们都感到在轻松愉悦的气氛下得到了新的补偿。

主持人主持的节目千差万异，即使是固定的栏目，也绝不可重复一个话题，这就要求主持人不断的学习，如饥似渴地接受新的知识，虽然不可能成为专家，但必须懂得所涉及话题的基本概念、运行原理，诸如天文、地理、历史、社会科学、自然科学的常识和基本定律都要懂得。

要做到这一点，必须有坚强的毅力，工作时间手不释卷，或亲自动手整理相关资料，或经常阅读常识性的工具书。一句话就是，要想成为一名合格的主持人，就要注意每时每刻打开知识仓库的大门，验收、储备好各种有益的"原材料"。

精于洞察，具备高超思辨能力

事物的规律性寓于多样性之中。人的一个特殊属性，在于他有着分析、判断和推理的能力。丰富知识是做好主持人的基础，思辨是做好主持人的思想保证。思辨的过程是把方方面面的知识抽象组合的过程，是探求问题因果关系的过程。

相对于素材来说，思辨是创作。创作的方法是掌握进行这种意识活动的规则。作为一名合格的主持人，最起码的要通晓逻辑学当中有关判断、推理以及矛盾律、同一律、排中律等学问，并能娴熟的运用其技巧，使其阐述的观点，在逻辑上无可渗透，无懈可击。

掌握社会的脉搏和趋势

人在社会中生活，有的人不了解社会也能生活；主持人在社会中生活，但主持人不了解社会就不能生活与工作。

主持人口才提高法

主持人口才技巧

1、工于开场

俗话说："好的开头是成功的一半。"对于主持人更是如此。

良好的开场白，是主持一场节目的关键，它可以确定基调、营造气氛、表明主旨、沟通感情，使全场人人情绪沸腾起来，注意力集中起来，造成一种全场和鸣共振的态势，从而保证活动的顺利开展。

例如，某次篝火晚会，主持人一上场便说："踏遍青山人未老，风景这边独好！朋友们，今晚繁星满天，篝火通红。这画一般的景色，激起我们诗一般的情怀……"

主持人这绝妙的开场白情景交融，美妙有趣，把观众带进了诗情画意的情景里。

2、连接巧妙

主持一场晚会或活动，一般都要进行搭桥衔接，起到承上启下的作用，便于活动的内容顺畅的进行下去，使整个活动连成一个有机的整体。这就要求主持人必须事先做好充分的准备，了解并熟悉活动的内容，有序掌控节目的进行。

3、随机应变

一个成功的主持人最大的特点恐怕就是遇变不惊、随机应变；能左右逢源，灵巧变通；能快捷思考、准确判断，巧妙地调整表达方式。

比如在辩论会上，与会者之间彼此意见相左，甚至唇枪舌剑，发生争吵，互不相让。这时主持人就要出来圆场，或转移注意力，接过话题自己说，把争论双方的注意力转移到别的地方；或联系感情，帮助双方寻找共同点，缩小感情上、心理上的距离；或公正评价，将双方的意见进行清理和归纳，进行合理评价，阐述双方都能接受的意见；或引导自省，使双方从事实中反省自己的观点和错误，消除误会，认同真理。

4、自然情切

主持人是活动的指挥者和组织者，是联系说话者、表演者与听众、观众的纽带，与受众的关系，不是领导和下属，不是长辈和晚辈，也不是教师和学生之间的关系，而是知心朋友的关系。因此，主持人要以民主、平等的态度来主持节目，不但要口语化、大众化，而且要生活化，要像"拉家常"一样与受众亲切交谈。

5、富有个性

不同的活动和内容，必须采用不同的主持语言形式和语言风格，这是活动内容本身的个性决定的。主持庆典、仪式等较严肃的内容，语言要平稳、庄重。主持体育方面的内容要激越铿锵、有力度，速度要快一些，尤其是现场解说要更快。主持少儿方面的活动要亲切感人，声音可以带几分稚嫩。主持日常生活方面的内容要轻松自然，像聊家常那样亲切、热情。

除了节目本身的内容限制了主持人的语言风格外，每个节目主持人由于个人的气质、性格、文化素养、兴趣爱好等不同，主持的风格和语言表述也有很大的差异。正是有了这些个性化的表现，才能塑造出与众不同、个性鲜明的主持形象。

主持人的口才提高方法

如何才能提高节目主持人口才技巧？可从以下几个方面入手：

1、恰当选择主持人口语方式

主持人口语活动方式具体表现有三种形式：一是将编好的文字稿件转化成有声语言；二是以写好的串联词为主干，穿插活跃现场气氛的即兴发挥；三是主持人的提问、应对、串联、衔接、评述都以即兴口语为主。一般主持人事先在脑子里要打好了腹稿或提纲，再根据现场情况的变化而变化。

2、把握主持人口语表达的要求

（1）要能够讲标准的普通话。节目主持人的语音应符合现代汉语规范化、标准化的要求，不读别字音，用词准确、语句通顺、条理清楚、合乎逻辑，避免用方言俗语。

（2）语言要通俗易懂。主持人面对的受众比较广泛，受众的年龄、兴趣、文化层次等都有所不同。要使更多的人能够接受你所传达的意思，就必须要求主持人的语言通俗、易于接受。

（3）语言要机智得体。在节目主持过程中经常会遇到事先没有预想到的情况，在完全没有准备的情况下，只有思维敏捷、反映灵活才可能做到应对得体、出口成章。这种即兴应变能力，是与平时知识的积累、文化的储备有直接关系的。

（4）语言风格要有个性。主持人的个性语言是节目魅力和个人魅力的源泉。个性魅力对于提高主持人节目传播效果有重要的作用。

此外，还有以性格特点为风格，突出主持个性的，如豪放的主持人主持节目一般比较激荡；谦逊的主持人主持的节目比较含蓄；博学的主持人的节目喜欢旁征博引；活泼的主持人的节目轻松热烈；幽默的主持人的节目一般都比较风趣诙谐等。另外，主持人的音色、吐字习惯、表达方式的不同，也能客观地显示口语的个性。

（5）语言要朴实自然。为了能够与受众有更好的交流与沟通，主持人在主持节目时语言需要朴实得体、亲切自然。如果主持人的表现高人一等、盛气凌人，不耐烦的感情溢于言表，不礼貌的言辞不时冒出，都会使他失去受众。

（6）语气的松紧疏密、语速的快慢要灵活、富于变化。

3、明确主持人口语表达的注意事项

（1）不要乱用语气助词、连词等。有的主持人语言粗糙，常说出带有语病的句子，不合语法的现象尤为突出。经常无原则使用"啊吧呢吗"等语气助词，以"那么"开头等，已成为许多主持人的通病。

（2）不要做不懂装懂的样子。有的主持人政治水平低，有的格调低下，却要打肿脸充胖子，不懂装懂，结果错误百出、捉襟见肘。

（3）主持人口语应讲求艺术性。主持人的口语有宣传作用，宣传就要讲究艺术性，不能简单灌输和生硬说教，应该追求美感，讲究吸引人的魅力，这样才能提高节目的收听率和收视率。

主持人幽默艺术

幽默谐趣是一种优美的语言品质，它润滑了人际关系，给紧张的生活"减压"。幽默者用创造性语言给人们带来欢乐。幽默作为一种社会文化现象，是说话人精心的审美选择，也是主持人的一个重要创作元素。幽默被喻为"语言中的盐"，主持人的幽默语言或者语言的幽默感，是语言艺术再创造的升华，是主持人个性的表现。

主持人幽默艺术的特点

主持人幽默艺术，不是以外表的滑稽可笑取胜，它追求的是审美心理层次的愉悦的"笑"，具体地讲，有几方面的特点：

1、选择审美的语言

主持人的幽默艺术，作为一种言语行为，它是智慧和灵感的闪光，是理趣、智趣、情趣的结晶；它不只是一种瞬间摆脱窘境的应变技巧，而是具有更高层次的语言功能；它含而不露地引发人们的联想，出神入化地推动对语意的领悟；它有情的酿造，也有理的启迪。

2、别刻意追求效果

主持人的幽默艺术具有多种的风格和表现形式，比较常见的是轻笔点染，不太追求幽默话语环节的完备，一般不追求幽默语言效果的"火爆"，它比较含蓄婉转，让人忍俊不禁或渐渐"化"开而回味无穷，所以很少运用直白，不把话说"满"、说"透"，隐藏着语言的智慧。

3、体现美好的情怀

主持人的幽默艺术不是语言技巧的卖弄，它必须时刻注意接受对象的接受程度和情绪反映．如果不注意对象，幽默就会出现"有去无回"的尴尬，即"幽默搁浅"。并且，主持人的幽默不是专门对付别人，也经常"幽默自己"。总之，它是一种良好的思想品格、知识素养和美好情怀的自然流露。

主持人幽默艺术的手法

能准确地掌握、使用并且能够有感染力地传递幽默，是主持人的一项重要的语言能力。应该说，幽默对于主持人而言是一个高难度的语言动作。惟其难，才有驾驭、掌握它的必要和渴望。那么，哪些方法可以带来幽默效果呢?

1、夸张手法

所谓夸张，是根据表达需要，对客观事物的某些方面故意进行夸饰铺张，言过其实地进行扩大或缩小，从而引起想象力的修辞手法。

2、错位思维

语言的关联准则规定了说话要切题，不说和话题无关的话。幽默的发出者往往运用关联性不是很强的话语去间接表达自己的意图。这种思维方式的特点在于反常规性，经常不按常规的思路去想问题，由此来发现和捕捉喜剧因素。

3、适当自嘲

所谓自嘲，就是在适当的场合有意识地暴露自己的某一缺陷，并进行自我嘲讽，以求达到一种轻松、诙谐、逗乐的效果。一些高明的主持人使用幽默时，应该淡化甚至完全消除俯视性的精神"优越感"，而使幽默风趣在共同存在的"同构"关系中完成。就是说，主持人既可以幽默对方，也可以"幽默自己"，以此创造一个和谐的"幽默同构体"。

4、语带双关

双关是利用词语的同意或同义的关系，发挥其在特定语言环境中的双重意义，言此喻彼，巧妙地传递蕴藏在词语底层潜在信息的修辞手法。

5、妙解口误

在节目主持中，也会有一些意外情况或口误发生，现场的把握和应变对主持人是一个很大的考验。此时，主持人的冷静、机智，语言的幽默、风趣，会将险境化险为夷，摆脱现场的尴尬，甚至会使节目增添趣味和光彩。

总而言之，主持人的幽默是一种精心的审美选择，而不是单纯低俗的"搞笑"手段。作为主持人，相信只要有坚定的恒心、毅力，在生活中注意发现、感受和积累，去创造和表现幽默，主持的节目就一定会因幽默而更加精彩。

主持人体态语言

主持人形体语言功能

主持人的体态语，是一种以主持人面部表情、身体动作、空间距离及服饰等为手段传播信息、交流感情，并诉诸观众的无声语言，又称副语言。对于节目主持人来说，体态语言的功能主要是：

1、改善外在气质

气质是一个人内在修养的外化。它经常体现在人的眼神、面部表情、举手投足等方面，必须有气质、有修养，举止大方文雅。

2、增强表达效果

每一个体态动作都可能具有一定的词汇意义和表意功能。

运用体态语要符合时代特征和不同国家民族的习惯。一些年轻的主持人盲目学习西方的体态语，如耸肩、缩脖、摊手等等，这与我们的欣赏心理及审美标准不相符合。当然在特定的语言环境下，偶尔借用其他民族的体态语可能是一种幽默，如果不分场合一味模仿，就不伦不类了。

3、淡淡表情里的信息

表情语充分利用人的视觉补偿作用，有效地拓宽了信息传输的渠道，使传播活动更生动、有效地进行。表情从正面支持、解释、强调某些语词意义时，其信息量就得到了扩张。

4、传递审美愉悦

在一个节目中，主持人作为审美主体应该让受众获得美的享受。必须指出，主持人体态语与舞台演员形体语言有着原则的区别。尽管不同的节目对主持人的体态语的要求有所区别，但主持人作为一个现实的人，不论主持什么样的节目，他本人的真诚平易、独特自然的一面，是永远不能改变的。体态语是形体语言，它的基础训练是形体的训练。

主持人体态语言关注事项

体态语言指的是用表情、动作和姿势来进行思想交流、表情达意、传递信息的非语言符号。主持人的体态语言正是通过他们的一颦一笑、一蹙一展、一举手、一投足表露出来的。

如何用好体态语言，让它成为主持人展现魅力的法宝，对于每一位主持人来说都是一门必修课。有以下几点应格外关注：

1、"三要"

（1）要有良好的个人修养。随着受众文化层次和欣赏水平的不断提高，主持人的个人素质受到空前的关注。有些主持人在说到与观众

互动的话题时会伸出手指对观众指指点点；当节目嘉宾回答问题出现磕绊时，主持人脸上会露出不耐烦或不屑的神情；与对方交谈时翘着二郎腿，等等。这些体态语言直接暴露出了主持人缺乏修养。一个人再刻意掩饰，都会在其举止神态上表现出他的修养。

（2）要对节目内容有超强的领悟力。如果在主持之前对

所要表达的内容一知半解，那么即便你说得天花乱坠、手舞足蹈，也只会让观众感觉莫名其妙、不知所云。对节目内容没有好好地领悟，容易导致主持人在节目中严重跑题。

（3）要对节目定位心中有数。你所主持的节目类型决定了在节目中你该使用什么样的体态语言。别人洒脱的举止未必适合你的个性、你的节目，自己的某些漂亮举止也未必在每一个节目场合都适合。离开节目定位的体态语言会由于不得体而影响传播效果。

2、"三忌"

（1）忌"程式化"。有些主持人在节目中无论说什么，都会隔一会儿抬一下手，隔一会儿又点一下头，并如此反复。这样已成定式的体态语言会让整档节目死气沉沉，让主持人看起来呆若木鸡，让观众产生"审美疲劳"。

（2）忌"妄动"。主持人的体态语言该不该用、怎么用、什么时候用才会让人看起来比较舒服自然，这是要经过思考的，切不可不假思索地随意乱动。。

（3）忌"小动作"。主持人的体态语言不同于一般人，在方寸之间的空间里，任何一个细小的动作都会被无限地放大。应该承认，作为一个自然人，多多少少会有一些习惯性的小动作，但作为主持人，只要你出现在观众面前，就必须以极大的克制力去掉这些小动作，展现给大家最美好的一面。

主持人的体态语言从生理上讲，身体各部位的动作存在一个"姿态族"，从整体看全身的动作是协调的、相互照应的、十分自然的，才能具有美感。从心理上讲，神形兼备、有超强感染力的体态语言来自主持人的内心修养、对人对事的真诚以及责任感。内外兼修的体态语言才是最完美的无声语言。

主持交流与即兴发挥

主持人的交流

1、眼神的运用

交流需要注意的是眼神。眼睛除了用来注视之外，还应用来交流。如果说注视是为了体现主持人应有的身份，那么，交流则是亲和力的表现。

在主持过程中，注意用眼神的变化来表达自己内在的丰富感情。主持人的思想感情总是随着内容而起伏变化的。比如说到高兴处，应睁开眼，让它散发出兴奋的光芒；说到哀伤处，可让眼皮下垂，或让眼睛呆滞一会儿，使感情显露出来；说到愤怒时，可瞪大眼，固定眼珠，让眼睛射出逼人的光芒；说到愉快处，可松开眉眼，让眼神充满令人喜悦的光彩；如果希望得到观众的认同、重视，你可无声地、冷静地用期待的目光注视着你的观众。

总之，你可依据现场情况，选择具有特定含义的眼神。也可几种方法配合使用，同时，注意与观众之间的眼神交流，以求在语言表达之外获得更多的信息和更多的支持。

2、手势的运用

手势是主持人运用手掌、手指、拳和手臂的动作变化来表达思想感情的一种态势语言。它是一种特殊的语言，它的方向、位置、速度和力度都与情感有关。在主持中，恰当地运用手势，对于加强语言的不足，构成主持人的体态形象，增强主持人的吸引力、说服力和感染力以及丰富的表现力，都有着重要的作用。

一般而言，手势的运用要遵循这样几个原则：要根据内容和情感的需要。正所谓"凡出一手必有所指，凡出一脚必有所因。手莫乱动，脚莫乱行"；要富有鲜明的个性，这种个性由主持人不同的性别、年龄、身材、气质、性格所决定；要准确、鲜明。所谓"准确"，是指手势要能恰当地传情达意。所谓"鲜明"，是指手势要明朗化；要简练、适度；要自然、雅观。

主持人的即兴发挥

主持人在节目开始前，一般都要做好案头工作，跟相关导演沟通好，以保证节目的顺利进行。

但是，任何充分的准备，也无法完全预测到将要发生的事情。当意外事件发生时，在现场，主持人则成为惟一的局面把控者，他必须沉着冷静，不慌不忙，及时判断出故障出自何处，并做出弥补漏洞的举措，以力求保持录制现场观众的兴奋情绪，避免出现冷场甚至离场、骚乱等情形的发生。

NO3.校园辩论活动学习指导

辩论的要素和准备

辩论就是把对人进行考查后所作的鉴定加以认真分析，借此用一定理由来说明自己对事物或问题的见解，揭露对方的矛盾，以便最后得到正确的认识或共同意见的一种讨论形式。

辩论的三要素

第一，辩论中存在着持不同意见的双方或多方。有不同意见的双方或多方存在才能实现思想交锋。一个人不可能自己同自己辩论，一个人头脑中几种方案或做法的权衡和比较，那是思考或思辩，而不是辩论。

第二，辩论必须针对同类事物或同一问题，即存在着同一论题。如果各方谈论的论题不同，就不能实现有意义的辩论。例如，一个人说"法律是有阶级性的"，一个人说"市场经济就是法制经济"，由

于两人所认识的对象不同，因此两个观点不能构成辩论。只有当一个人说"法律是有阶级性的"，另一个人说"法律是没有阶级性的"这样两个判断才构成辩论。

因为，只有这两个判断所认识的对象相同，又是相互对立的思想，而这两个判断至多只能有一个为真，不可能都真。这样就有了谁是谁非的问题，就必然要引起辩论。

第三，辩论的诸方有或多或少的共同认识或共同承认的前提，如思维的同一律、不矛盾律、排中律和充足理由律以及正确推理的方法等，以及如社会公理、科学规律等是非真伪标准和价值取向。没有这些共同承认的东西，辩论只会是一场混战，不可能得出结论。

总之，辩论诸方有共同的话题，而又有不同意见。从哲学观点看，辩论的诸方是一种对立统一的关系。

辩论的四个特点

一是辩论人员的双边性。辩论是双边活动，最少两人参加，单一方面只能是议论而已。

二是辩论观点的对立性。双方观点是对立的，或是或非，这样才有辩论的可能，否则就是谈判。

三是论证的严密性。只有合乎思维逻辑的辩论，才可能获胜，否则只能是诡辩。

四是追求真理的目的性。辩论目的是追求真理，取得共识，辩论双方没有对错之分。

辩论的好处

辩论可以开拓学生的思维能力，锻炼辩者的口头表达能力、查找资料的能力、搜索的能力、统筹分析的能力等。可以让辩者开动脑筋，从多方面去考虑问题，发散思维。

辩论还可以加强辩论团体之间的默契、团结协助能力，增加友谊。让大家对辩论问题有一个新的看法，追求真理。让比较胆小的辩者在辩论中锻炼自己的勇气，在众目睽睽之时可以侃侃而谈。

辩论的准备

辩论被称之为绅士的吵架，自然要有绅士的礼仪，同时更要注重服装和仪态，另外，拥有良好的心态才能立于不败之地。场上的自信来源于场下充足的准备。

1、礼仪要规矩

尊重主席、对方辩友、评委、观众。只有当主席说完之后，才可发言。当获得发言批准时，应先说："谢谢主席，谢谢对方辩友"等礼貌用语，在对方辩友质询的过程中不可打断，不可反问。过程中更是严禁人身攻击、粗言恶语。观众提问环节，必须认真回答观众的问题，切忌草草了事。

发言时要注意次序时间，严格按照辩论赛制。一方落座另一方方可发言，一般不得打断。辩手发言时，手中不可持笔、尺等，指指点点、拍桌子摇晃等一律禁止。吐字清晰准确。然而如果听不清对方的发问，可请其再说一遍。

2、服装必须统一

服装必须统一，至少必须同一颜色，最好是白色或者黑色。另外裤子和鞋子最好也做到一致。服装必须是正装，严禁身穿其他服饰。最好穿着西装、衬衫。不宜穿着花色短袖和上衣。辩论赛场是比较正式场合，正装庄重、得体。

3、仪态要庄重

脚必须端正放在前方，不能翘二郎腿之类，应欠身而坐，稍微前倾。落座椅子的三分之一。提问或者回答问题时必须身体直立，始终保持微笑。如红城辩论队黄婷队长以其微笑博得评委以及观众的好感。经常微笑往往能给火药味浓重的辩论赛场带来一丝舒缓。因而能赚取额外的印象分。

不回答问题时，要坐端正。目视对方辩友。正确运用手势，要自然得体。站起来发言时，双手应交叉放于肚前。辩论过程中，记住也要面朝评委和观众。因为辩论，是辩论给评委和观众听，是要去说服观众和评委。记住，你永远不可能说服对方辩友。

4、心态要自信

最重要一点是自信。要相信自己，相信队友。如果暂时处于下风，也不要总是去想自己这场比赛是肯定输了。辩论赛场不良心态往往是比赛失败的重要因素，不良心态会导致自身水平发挥不出来，导致场下的准备付诸东流。

良好心态举例：这场肯定拿下了；慢慢来，还来得及；不输太多就行；输也要输得好看；要对得起自己场下的准备。

5、比赛中出错的应急策略

不要急，稳住心态。宁愿慢也不要出错，一旦出错，对心理造成很大的压力，造成整场皆乱。如果出错，一定不能慌张，可以通过以后的环节慢慢来挽回自己的劣势。主要还是以稳为主，要知道一场比赛你出错，对手也会出错。只要冷静处理，照样可以取得胜利。

如果突然之间不知道该说什么了。那时候应该慢慢来想。或者求助队友。

辩论赛的准备

　　辩论赛是许多学生喜爱的一项侧重于人们言辞表达能力的比赛。然而，不少年轻的学生，虽参赛热情很高，却由于缺乏一定的辩论赛知识，或赛前不懂如何正确准备，或赛中不得要领，初次上阵便遭受挫折。因此，对初学者来说，掌握一些辩论赛的基本入门知识显得十分必要。

　　那么，初次参加辩论赛的参赛队员在赛前该做好哪些准备呢？主

要有四项：认识准备、核对准备、立论准备和试辩准备。

1、认识准备

所谓认识准备，是指参赛队员在赛前对"辩论赛"的性质和特点要有所认识。我们知道属于口头辩论的大致有三类：一是专门场合下进行的有特定议题的辩论，如谈判辩论、法庭辩论；二是由日常生活中、工作中的矛盾引起的人与人之间的争辩，如邻里争辩、同事间争辩、上下级争辩；三是各种形式的辩论赛。

前两种辩论，辩论双方各自有明确的立场和主张，辩论的目的是为了说服对方接受自己的观点，或争取第三者支持自己的观点。与此同时，自己也有被对方说服或作出妥协的心理准备。

辩论赛则不同，辩论赛是一种作为比赛项目来进行的模拟辩论，就是辩论演习。这种辩论往往不问辩论者本人的立场和主张，而侧重于双方的辩论技巧的比赛。比赛双方都不准备说服对方或被对方说服，而以驳倒对方、争取评委的裁决和听众的反响来击败对方。

因此，这种比赛有以下三个特点：一是辩论的题目、辩论的程序、发言的时间等，都是由辩论赛的组织者所决定，参赛者必须按规定进行辩论，不能随意改变；二是比赛胜负标准,包括立论、材料、辞令、风度以及应变技巧等综合因素,胜负由评委根据标准及主观印象进行裁定；三是辩论时,只能针对对方的观点和理由进行攻击，而不能涉及对方的立场和人品。

初赛者了解了辩论赛的这些性质和特点，就不会在比赛中，在思想和方法上与日常争辩相混淆。

2、核对准备

某队初次参加辩论赛，到正式辩论时，他们突然发现黑板上写的辩题为"当今青年一代是否缺乏社会责任感"，而他们事行准备的辩题却是"当今青年学生是否缺乏社会责任感"。某队经过初赛、复

赛进入了决赛。在决赛开赛前，突然听到比赛主持人宣布各方允许发言，时间比初赛、复赛时增加一倍，而他们事先却按初赛、复赛规定的时间准备辩词。更有甚者，进入赛场后，双方才发现谁为正方、谁为反方都未搞清楚。

凡此种种，都是由于初赛者缺乏经验，在事先准备过程中缺少仔细核对有关比赛事项这一环所造成的。

前面已经说过，辩论赛是一项新近发展起来的比赛项目，目前虽有"国际雄辩赛"这样大型的辩论赛，但还没有统一的比赛规则。事实上，辩论赛的规模有大有小，层次有高有低，各主办单位的具体要求也会因时因地而不尽相同，所以辩论赛的规则也很难趋于统一。

既然目前辩论赛的规则难于统一，这就要求参赛者在接到比赛通知后，不能立即简单地按照通知上的要求去准备，更不能想当然去准备，而应设法主动地找主办单位，仔细核对一下通知上各项比赛规定和要求是否属实无误，包括辩题的确切的文字、正反方所属、辩论程序细则，各位队员的分工和允许发言时间等，这既是为了确保本方准备辩词时无误，又是为了防止主办单位的工作上有可能失误。一些主办单位本身也是初次主办辩论赛，由于缺乏经验，难免出现疏忽，包括通知传递时的差错，这就要求参赛者每次都要主动认真地核对有关比赛事宜，以使比赛获胜取得起码保证。

3、立论准备

辩题被明确无误地确认后，参赛队员就可以根据辩题，共同商量，研究确立一个最有利于本方论证的具体的总论点。所谓最有利于本方，就是指该总论点不仅观点正确、旗帜鲜明，而且用于进攻，能攻破对方任何的立论，用于防守，能抵挡对方的任何攻击。能不能确立这样一个总论点，是一次辩论赛准备的成败关键。

为了要确立这样一个总论点，首先要对辩题进行严格的审题，也就是要对辩题字面上的每个词或词组，逐个进行概念分析，即通常所说的"破题"。这种分析要同时站在双方的立场审视，不能一厢情愿。尤其是要分析出哪些词或词组对对方立论具有潜在的有利因素，可能成为双方首先争论的焦点，因为一般的辩论赛，双方都会抓住辩题中的某个词语解释入手，开始辩论，有时会出现整个辩论赛始终围绕这种解释来进行。

因此，尽量设法站在一定理论高度，对辩题作出有利于本方观点的界定，以获得大多数听众的"公认"，是极为重要的一环。为了典型说明这个问题，下面试举1990年第三届亚洲大专辩论会一例。

1990年第三届亚洲大专辩论会有一辩题为"儒家思想是亚洲因素"。南京大学持反方。为了说明儒家思想不是主要推动因素，南大对"儒家思想""亚洲四小龙经济快速成长""主要""推动因素"四个词组进行了剖析，发现辩论双方争论焦点肯定会在"主要因素有多个，儒家思想是其中之一。"

于是，南大把"主要因素"界定为必须是具有总揽全局功能这一点上。这样一来，南大总论点的方向便明朗了：儒家思想只是四小龙取得经济快速成长的背景条件，而并非是一个主要推动因素，推动四小龙经济快速发展的主要因素，是四小龙做得尤为突出的、能总揽全局的、正确而灵活的战略和政策。

能攻能守的总论点的确立是辩论赛准备的关键，但并不等于说在实际辩论中就一定获胜。如何使这个总论点在实际的唇枪舌剑中充分发挥好，还要有一定的战略战术与之配合。所谓战略，是指辩论中用以争取胜利的、带有全局性的总的论战方法；所谓战术，则是指论战中的一些具体的技术方法。

上面列举的南京大学一例，就是制定了"避实就虚"的战略和设计了一些具体的战术，才保证了整个辩论赛的成功。

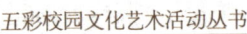

　　由此可见，立论准备包括三个步骤：审题—确立总的具体论点—设计相配的战略战术。应该说，这三个步骤是整个辩论赛准备的灵魂，初学者在这个准备阶段应寻找一些有一定理论水平，又有一定实际辩论能力的人请教一下。

　　此外，不应把立论准备看作是一个孤立的静止准备阶段，而应在以后的辩词撰写和试辩过程中，随时要审视先前的审题、总论点及战略战术设计有无不慎之处，以便及时修正。

　　在立论准备妥当后，各辩手便可分头撰写自己分工的辩词。

　　4、试辩准备

　　如同其他比赛一样，辩论队要想在正式比赛中获胜，一定要在正式比赛前，搞一次尝试性的比赛，以检验自己的赛前准备是否经得起实际的考验。

为了达到检验的效果，试辩条件和气氛要尽量搞得逼真些，这就需要在正式参赛队员进入准备阶段的同时，应有一支与之实力相当的假设"对方"也进入准备阶段，并且双方都应处于"保密"状态。不过，为了增加正式队员的一些难度，正式队员应故意泄露些立论方面的要点，来吸引"假设对方"做有针对性的进攻准备，用之在试辩中检验参赛一方的立论和战略战术是否能奏效。

试辩的另一个意图，是让参赛队员进入角色。前面已经说过，辩论赛的最大特点就是辩题观点不一定与辩论者本人最初的观点相一致，就像某些演员本身的性格与剧中人的性格不一致一样，需要深入生活，深入实践，才能进入角色。

辩论赛在比赛过程中不仅有理论上的正面交锋，还有辩论风度、情态等方面的表演，通过试辩往往能促使参赛队员不仅在理论上，而且在情感上也完全站在所持的辩题观念上，以便逼真地表现出理直气壮、慷慨激昂、义正辞严而又通情达理地维护真理的样子。对于初赛者来说，试辩还可以先锻炼一下上场的胆量，培养一下临场的经验。

试辩一般宜在正式比赛前一两天举行，这类似于赛前的热身赛，使参赛队员保持最佳竞技状态。试辩的程序应严格按照正式比赛的程序进行。不过，不管正式比赛是否设有赛后听众提问，试辩赛一定要有听众提问。这个道理很简单，不管假设的对方准备得如何充分，总比不上众多听众的眼亮耳明，参赛队员在试辩中完整地亮出主要观点和战略战术，"假设对方"可能没有一下子找到"破的"的方法，听众赛后提问揭短则可弥补"假设对方"论战之不得力。

试辩结束后，参赛队员应与假设对方迅速共同进行总结，对原先准备的辩词和辩论技巧作相应的调整、修正和补充，这样赛前所有的准备便完备了。

孙子曰："上兵伐谋"，高水平的辩论赛首先是辩论双方在辩论思路与立场上的较量。对于一个已经确定下来的命题，如果能找到一个最佳的思路，确立好自己的立场，那么就能为整个辩论的胜利奠定基础。

在辩论赛中，辩论命题一般可分为价值命题、事实命题和政策命题三种。

（1）价值命题。一般是讨论某件事的利弊，如"发展旅游业利大于弊"。这类命题要求辩论员有很强的逻辑推理能力，对辩题的背景知识有通盘、深入的了解。

（2）事实命题。一般是讨论某件事是否真实，如"儒家思想是亚洲四小龙取得经济快速增长的主要推动因素"。这类命题注重举例实证，要求辩论者掌握大量材料。

（3）政策命题。一般是讨论某事该不该做，如"亚太区国家应该成立经济联盟"。它要求理论与实践的结合，既需逻辑推理，又应有大量材料佐证，所以辩论比赛中政策命题较为常见。

对辩论命题分类的意义在于根据不同命题的特点和语法来确定思路、建立框架、组织材料，最终的目的是要形成自己的立场。在确定思路时最重要的一点是必须知己知彼。对一个辩题，围绕正、反方立场，可以有多种理解。

这时候就不仅要找出自己论证辩题的各种思路，而且还要找出对方可能出现的各种思路，尽可能地把双方可能的思路都逐一考虑，并找出应付之策，这样对己对彼都心中有数，就为我方确立适当的立场找到了根据。

确立立场就是针对对方可能出现的思路，在我方可以选择的各种思路中，找出对本方观点论证最有利、例证材料最丰富的思路。

确立立场的基本原则

1、弱化我方命题，强化对方命题

确立立场不仅只确立我方对辩题的理解，还须确定对方对辩题的理解，也就是，必须明确指出对方应该论证的内容。尽可能扩大我方立论范围，从而给我方留下较大的周旋余地。其主要方法有两种：

（1）对辩题中的主要概念作限制性解释。如在南大队对台大队"人类和平共处是一个可能实现的理想"辩论中，正方南大队一辩开头就指出："人类和平共处""是和战争相对而言"，消除了战争，也就实现了人类和平共处。这样，就把其他形式的暴力行为排除在外，为本方以后论述打下了较好基础。

（2）对辩题加条件。如1986年亚洲大专辩论会，北大队对香港中文大学队的比赛中，辩题是"发展旅游业利大于弊"，北大队是反方，正方香港中文大学队举出许多例子，论证许多国家由于具备某些条件，发展旅游业获得了成功。

北大队马上指出，正方的立场是"在一定条件下"发展旅游业利大于弊，所以中文大学队跑题了。这实际上，是要正方证明"在任何情况下"发展旅游业都利大于弊，当然使正方无从论证，陷入被动。

2、尽量选择逻辑性强、不易受攻击的立场

其主要方法是"高立论"。在任何一个细节上，都和对方纠缠不休，往往会丧失本方的优势，到最后仍是"一笔糊涂账"；不如干脆对一些显而易见的事实、众所周知的观点予以承认，接着立即指出：这些仅仅是问题中一个方面，但我们应该讨论的是更重要的东西，把争论上升到更高层次，使对方精心准备的材料无从发挥，在我方熟悉的阵地上与其交锋，高屋建瓴，势如破竹。

如在北大队和澳门东亚大学队的比赛中，辩题是"贸易保护主义可以抑制"，北大队是正方。具备一点经济学知识的人都知道，当今世界范围内贸易保护主义愈演愈烈，而新加坡更是饱尝贸易保护主义之苦。澳门东亚大学队开始就大谈"贸易保护主义是否严重"这一层次上

与对方纠缠，显然要占下风，而且很可能引起评委和观众的反感。

所以北大队经过仔细斟酌，辩论伊始就明确说明，当今世界范围内，贸易保护主义确实相当严重，在这一点上我们非但不否认，而且还可以举出比你们多得多的例子。

但是，我们应该讨论的是贸易保护主义是否可以抑制，而不是贸易保护主义是否存在或是否严重。这样就避开了对方拥有大量材料的事实，把辩论中心提高到对我方有利的"可以抑制"层次上来，避其锋芒，争取主动。

确立立场时，还应该注意的是：立意要新奇，要能够"言人所未言，见人所未见"。从新的角度来分析问题，给人以耳目一新之感，往往会收到很好的场上效果。

同时，对手对此准备不足，也会措手不及，仓促应战。当然不能故作惊人之语，应当在"意料之外"，又在"情理之中"。这就要求教练和队员们对辩题仔细揣摩和思索，努力使自己的立场既无懈可击、固若金汤，又新意迭出，令对方猝不及防，从而使自己立于不败之地。

辩论赛的战术

辩论赛的战术是能够在许多不同的辩论赛中应用的，具有同样效果的技巧方法。当然，首先是不能违反规则。这些战术之所以得到广泛的应用，是因为辩论赛固有的特点，那就是评委对辩题没有深入的了解，不可能要求评委像辩手们一样去分析辩题，查找资料，这种情况在校内还好一点，多次充当评委的老师对辩论本身还有所了解，而在校际比赛中，许多社会贤达在坐上评判席前，甚至不知辩论为何物，往往是哪边热闹就评哪边赢。

所以，很多根本不能说明论点，哗众取宠的东西也成为战术的一部分，但是，如想靠此从低级别变成高级别，除非奇迹出现。

规范发言的战术

规范发言是一场辩论赛的基础，没有规范发言，自由辩论无从展开。辩手的演讲水平、形象风度也能在规范发言中得以充分体现，当然，最重要的还是要把本方的观点说清楚，使本方处于一个进可攻、退可守的位置。

1、正方一辩的发言时间控制

正方一辩是整场辩论的第一个发言者，他没有驳斥的对象，要做的只是把事先准备好的稿子认认真真地念好。不过，如果能在念出最后一个字时，恰恰时间结束的铃声响起，可收到先声夺人之效。这一点极难，在几十场辩论赛中，只有几人能做到，而且也纯属运气，所以不必强求。

正方一辩还有一些战术，如在发言结尾，向对方提出几个问题，以图扰乱对方一辩发言，但对方如稍有经验，一般是避而不答，这反而容易暴露本方的进攻点。

2、控制驳论的比例

除正方一辩外，其余辩论队员都面临着如何在发言中，处理驳论与立论的关系，初学者易犯的毛病：一是明明听到对方漏洞百出，却不知从何下手，好像武学中的全是空门，竟然成了没有空门；二是知道应该驳斥哪一点，一站起来就面红耳赤，恨不得一棍子把对方打死，但是由于无法有效地组织语言，说起来吞吞吐吐，观众看了都替他着急。

驳论应该注意的问题是：

（1）事先有所准备，对方可能从哪点进攻，做到心中有数，可以把想到的驳论分点写在卡片上，对方谈到哪一点，就抽出哪张卡片放在稿子开头；

（2）首先驳斥对方的常识性错误及口误，如对方背错了某句诗词，或在某句话中漏掉了一些关键字，而导致意思截然相反，都应该抓住机会予以痛击；临场驳斥要注意对方发言中的开头一段，因为时间有限，如果驳斥其结尾，往往来不及组织语言；

（3）反驳的对象不要太过分散，不超过三点；

（4）最好是针对前一个发言者进行驳斥，如果中间已经隔了几轮发言，驳斥的效果会减弱。当然，对方的重大漏洞或关键的论点、论据例外；

（5）确实觉得反驳有困难，可以只立论。

3、语言通俗化、口语化

初看辩论的人可能会觉得，那些辩论稿满篇都是听不懂的新名词的辩手才是高手，其实恰恰相反。前面已经说过，辩手经过准备之后，对辩题的理解往往比评委深刻，这时，既要深入，又要浅出。发言时，要避免使用专用术语，即使用，也要作说明，此外，要多使用比喻、举例、排比等手法。

如果能在发言中以幽默的语言，或大义凛然的陈词引起观众的笑声和掌声，对评委会产生较大影响，这一点也同样适用于自由辩论。

4、概念的模糊和清晰

其实不光是概念，很多场合都需要模糊的语言，让对方找不到靶子，这似乎和第三点有点矛盾，但第三点指的是一般情况，而这里指的却是特殊情况。

举个例子，在"法治能消除腐败"的训练赛中，我方持正方立场，这时我方面临的一个难题是："怎样给"消除"下一个定义？"消除的权威定义是使不存在，如果同意这个定义，显然不利；如果不同意，这个定义又实在太难驳倒，甚至很难防守。

最后我方采用了这样的定义：法治能消除腐败，指的是法治的惩治、防范、监督、教育几种功能相互作用的动态过程。实战效果颇佳，对方没有什么好办法指出我方这个定义错在何处，结果在枝节问题上作了大量的纠缠。

可以看出，概念模糊化目的是为了防守，这种概念的本意对己方是不利的，又或者无法定义精确。相反，概念的清晰是为了进攻，如上例中，反方当然要旗帜鲜明地提出，消除就是使不存在，使腐败现象为零，这样才能加强进攻的力度。

5、煽情

煽情是辩论中的常用战术，自由辩论中也应用颇多，但由于自由辩论中，个人发言时间很短，使这种战术的应用受到限制。大规模煽情一般出现在规范发言中。

煽情时首先要投入感情，可以慷慨激昂之时，声嘶力竭；沉痛哀伤之处，气若游丝。但也要注意不可过火，以不影响自己发言为度，切不可泣不成声、拍桌子等等。煽情内容也要注意有逻辑性，比如"法治能消除腐败"中，反方在对腐败问题痛心疾首之后，说"腐败如此严重，单靠法治独木难支"是有效的。而在"应该鼓励购买私人小汽车"中，反方大谈农村失学严重，去煽希望工程的情，就有点风马牛不相及了。

6、豹尾

以往发言稿结尾都比较平淡，往往是把本方论点重复一遍，自从《狮城舌战》出版之后，很多辩手模仿复旦四辩，在结尾以一句气势宏大的名言、俗语、诗词来结尾，这值得一试，但要注意，这句话必须和论点密切相关，而且一般由一辩和四辩来说。

自由辩论的战术

自由辩论是整场辩论赛中最重要的一个阶段，大多数评委是根据自由辩论的胜负来决定比赛的胜负的。正因为有了自由辩论，辩论和演讲也才有着质的区别，这么说是毫不过分的。

1、配合

（1）划分战场。在我的印象中，南京大学是这种战术的首创者。基本的作法是把一系列关系紧密的问题作为一个战场，并由场上的一名队员提出其中的第一问题，其他队员立即跟上，直到问完这一系列问题，取得了满意战果后，转入下一战场。

这种战术的优点是：火力集中，进攻显得有章法，有层次。缺点是：有时过于死板，为了贯彻连续提问，对对手临场暴露的弱点，只能作简单攻击，而对对手的有力反驳，又不能由最恰当的队员来防守，这和自由辩论随机应变的特点是相背离的。

结论：仍然可以适当选定几个战场，但不用强求连续提问，让队员自己控制提问的时机。

（2）两次发言。在自由辩论中，一个队员发言后，不要立即把话筒传给其他队员，而在对方发言后，由其自己决定是否作第二次发言。这种战术的目的是保持发言的连贯性，在队员相互之间很不

了解，配合很生疏时应用。

（3）相互保护。由于种种原因，往往会出现某个队员口误，或者偏离立论等对本方不利的情况，这时候，别的队员应该弥补其错误。弥补的方法有以下几种：

①抵赖。如果本方犯错误，对方隔了相当长时间后才攻击，或者犯错误的这句话本身含意就很模糊，可以死不认账地说："我方没有这样说过。"但是，这种战术如果被评委识破，会非常不利，一般不要采用。

②别解。对本方犯错误的话作另外一种解释。如：

> 正："大家听到没有，对方同学竟然说共产主义不能实现，看来帝国主义亡我之心不死，和平演变真是越来越严重了。"

> 反："在相当长一段时间内，由于条件不具备，共产主义当然不能马上实现……"

这里反方就运用了别解这种战术，一定程度上扭转了不利局面。这种战术运用得比较多，常用的句式是"我方的意思是说：……"

③调整底线。这是一种迫不得已的作法，所犯的错误既不是口误，又明显背离本方原来的立论，只好将错就错。如"法治能消除腐败"一题中，

> 反："对方同学刚才还说'法治能消除腐败的根源'，可现在又说'法治对腐败的根源——贪欲只是遏制'，这不是自相矛盾吗？"

> 正："对方同学怎么忘了腐败还有一个根源：不受制约

的权力。法治能消除的，正是不受制约的权力这个根源。"

当时，原来准备的立论是法治既能消除贪欲，又能消除不受制约的权力，但由于准备仓促，场上我方一辩明确说出法治对贪欲只是遏制，只好在场上临时作了调整，于是对方又转到另外的问题上去了。

④对于明显的口误，可以大胆承认"我方刚才出现了口误。"

（4）连续进攻。场上要保持头脑冷静，当注意到对方对本方某个问题避而不答或回答不力时，应连续攻击，哪怕把问题再重复一遍也好。往往易犯的毛病是自己急于说出某句"精妙"的话，根本不去注意队友问了什么问题，以及对方是如何回答的，这种个人主义应该避免。

2、逻辑战术

（1）破除双难境地。辩论中难免会碰到一些选择疑问句，对方逼着问你"是A还是B？"不管是A是B，对本方都是不利的，对这类问题，有两种回答的方法：①既不是A，也不是B，是C；②既是A，又是B。

如"艾滋病是医学问题，还是社会问题"一题。

反："对方同学认为是

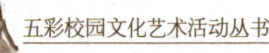

病就是医学问题，那么我请问，相思病是看内科还是看外科
啊？"

　　正："相思病也要看心理医生。"

这就是第一类回答，有一定难度，但效果甚佳。
如"抓住老鼠的猫才是好猫"一题。

　　正："如果一只猫长得可爱，但是不会抓老鼠，而另外
一只猫长得很丑，却是抓老鼠能手，对方同学你会挑哪一只
呢？"

　　反："两只我都要，一只用来观赏，一只用来抓老鼠。"

这是第二类回答，让对方无法攻到实处。
　　（2）破类比。类比手法是辩论中经常运用的，但类比不可能做到
绝对的精确，类比物与被类比物总是会有一些区别，这就为反驳提供
了突破口。
　　如"艾滋病是医学问题，还是社会问题？"

　　正："千千万万人得艾滋病就是社会问题吗？千千万万
人还得心脏病呢，这也是社会问题吗？"

　　反："一个人打喷嚏不是社会问题，难道我们全场人都
打一个喷嚏，还不是社会问题吗？"

　　正："对方同学还是没有听清楚我说的，难道千千万万
人得心脏病也是社会问题吗？"

　　反："问一个简单的问题，治疗一个艾滋病人要多少
钱？"

看得出反方有左支右绌之感。

其实这个问题可以这样回答。反："心脏病会传染吗？心脏病和同性恋有关吗？"传染和同性恋都是艾滋病具有的特征，而类比物心脏病则无此特征，所以事先找出一些重要概念的特征后，可以用来攻击对方不准确的类比。

（3）循环论证及对待办法。循环论证常常是在立论中就已准备好的，这种辩论手法会有出乎意料的效果。当不管从哪个角度进攻，对方总是能自圆其说时，很可能就是在运用这种手法。

复旦大学在"人性本善"一题中曾经设置过一个循环论证，而实战中他们抽到的是"人性本恶"。基本立论是："人有人性和兽性，人所以有善行，是因为有人性，人所以有恶行，是因为有兽性。"

现在，假设一段自由辩论：

> 正："泰丽莎修女的善行，英国小男孩为了救自己的妹妹，不惜献出自己的生命，这不是人性的光辉吗？"
>
> 反："但是，我们也看到二次世界大战夺去了几千万人的生命，而巴尔干半岛现在仍然战火熊熊，面对人类这些恶行，对方同学还能说人性本善吗？"。
>
> 正："当我们谈起这些恶行时，总是说兽性大发，又怎么能让人性来承受这不白之冤呢？"

其实正方为了论证人性是善的，他的论据是："恶的都是兽性。"这是一种典型的循环论证，对付的办法是直接予以揭破。

> 反："恶的就是兽性，善的就是人性，所以人性是善的，对方同学这不是在循环论证吗？"

如果循环论证能设置得比较隐蔽，对方是无法攻破的，值得在立论中采用。

（4）归谬及对付方法。所谓归谬，就是先假设对方的逻辑是正确的，然后推导出荒谬的结论，以此证明对方的错误。这是辩论中常用的有力武器，很多看来难以攻击的诡辩，一经归谬，会有"柳暗花明又一村"之感。

如"外资是推动广东经济飞速发展的主要动力"。

> 反："马克思早已指出：'劳动决定价值'，所以，廉价的劳动力才是推动广东经济飞速发展的主要动力。"
>
> 正："劳动决定价值适用于任何国家、任何地区，如果按照对方这种逻辑，世界上任何国家、任何地区的经济飞速发展的主要动力都是廉价劳动力喽？"

对反方看似吓人的论据，正方以归谬给予有力一击，再看一个比较高级的归谬。如"法治能消除腐败"。

> 反："请对方举个例子，哪怕是一个例子，世界上有哪个国家、哪个地区用法治消除了腐败？"
>
> 正："过去没有消除，现在没有消除，就等于将来一定不能消除吗？那我们还谈什么共产主义必然实现，共产主义以前也从来没实现过嘛！"

正方对反方的这个要害问题如果避而不答，那就要丢分了，而以归谬驳斥对方提问中隐含的逻辑，却化险为夷。使用归谬是不容易的，但防守也很难，大概有以下两种防守方式：

①正本清源。如"法治能消除腐败"。

> 反："腐败有减少的趋势，就能说明腐败能消除吗？一个人小时候一天能吃1斤饭，成人后一天能吃2斤米饭，这也是饭量不断增长的趋势啊？是不是说到了老年他就能吃100斤大米饭呢？那不成了饭桶了吗？"
>
> 正："吃饭是饭量不断增长，消除腐败却是腐败在不断减少，这两者怎么能混为一谈呢？"

正方用这种反驳方式指出反方所"按照的"根本不是正方的"逻辑"，所以导出的荒谬结论是无效的。

②顺水推舟。如正方"人性本善。"

> 反："人性本恶。"

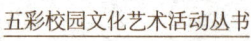

正："我想先请问对方同学，您的教育能够使你一辈子不流露本性吗？如果您不小心流露本性，那我们大家可要遭殃了。"（前面反方说过教育使本恶的人性向善。）

反："所以我要不断地注意修身自己呀！曾子为什么说：'吾日三省吾身'呢？"

这种反驳方式是指出对方所导出的结论与本方观点并不矛盾，在①例中，如果用顺水推舟法，似乎可以这样说：

正："所以我们才要考察法治是否有消除腐败的内在能力啊！而腐败不断减少的趋势，恰恰提供了一个证明。"

比较一下，哪种方法更好呢？后一种方法更能体现"避其锋芒，击其惰归"之兵家要义。

（5）各执一词。在同一个论据上，双方各自强调对自己有利的一面。如"当前妨碍大学生走向社会主要是自身素质问题，还是社会环境问题？"

反："现在是'孔雀东南飞，飞到广东来'，不就是因为广东水草丰美，环境优雅吗？"

正："可也要是孔雀才能东南飞啊！"

反："东南有梧桐，方有孔雀来。现在的问题是梧桐太少。"

临场利用对方的论据时，会用到这种战术。

（6）特殊情况。如"发展旅游业利大于弊"。

正："对方同学怎么能把色情业、赌博业的弊端强加到旅游业的头上呢？这不是张三犯罪，李四坐牢吗？"

反："如果李四是帮凶，当然也要坐牢。旅游业不是对色情业、赌博业起到了推波助澜的作用吗？本来张三犯罪，不该李四坐牢，可在李四是帮凶的特殊情况下，就不奇怪了。"

又如，正："这不等于是把一个不会游泳的人推到水里去吗？"

反："如果不下水又怎么能学会游泳呢？"

能否成功地运用这种战术，关键是辩手自身的素质。在这种战术中，常用的句式是"如果……，那么……"

（7）攻击小前提。如

正："毛驴没有污染，可是能走上高速公路吗？"

反："毛驴就真的没有污染吗？"

当对方第一句话是判断句，第二句话是反问句时，本方应该先注意这句判断句是否成立，这在辩论中属于"盲点"，容易忽略。

这种战术在许多情况下属于诡辩，就像对方指着一个正方形说正方形与圆形是不同的，而本方攻击说他指的根本不是一个标准的正方形。所以上一例中正方可以这样反驳。正："当然世界上没有绝对不造成污染的东西，但毛驴难道是因为有污染，才不能走上高速公路吗？"这种战术要慎用。

3、转换提问权

（1）回避。在水平相当的辩论赛中，只有符合以下条件才能回避：第一是对方的问题无法回答；第二是对方的问题回答后对本方很不利；第三是对方的问题与辩题无关。回避的方法有以下几种：

①就好像没有听到对方的问题，直接提出本方问题。这种回避可以用，但痕迹过于明显。

②以一句话作为过渡。如"艾滋病是医学问题，还是社会问题"。

正："对方已说明，我们应该加强教育，但我想问对方，教育是用什么教育？是不是用医学的方法来教育呢？"

反："知之为知之，不知为不知。请问对方，你们判断是医学问题还是社会问题的标准是什么？"

正："今天晚上的辩题我想对方已经有所误解了，你们已经忽视了你们所应该辩的艾滋病不是医学问题。"

当评委和观众把注意力集中在

这句话中，就容易忘记本方已在脚底抹油了。

③暗含讽刺的回避。当对方的提问不甚合理时，用这种战术效果较好。如"法治能消除腐败"。

正："请问，孟德斯鸠关于法治的两套标准是什么？"

反："还是让我们回到我国的现实来吧"这里，反方暗含讽刺对方教条主义。

又如"烟草业对社会利大于弊"。

正："请问对方同学，吸一支烟能缩短人的多少寿命？"

反："一条烟多少钱？一条命多少钱？"

正方提这个问题的目的，是想证明一支烟只能缩短几秒钟人的寿命，这是假材料，反方的回击是讽刺正方脱离现实。这类回答在特殊的语境下才有效，不要生搬硬套。

（2）回答问题后再提问。在大多数情况下都应该回答问题，回答后提出本方问题。但是，如果回击很有力，可以不再提问，以免削弱攻击的威力。

小技巧

1、运用假材料

无论在规范发言还是在自由辩论中，都需要运用大量材料，可是合适的材料不容易找到，往往只能编一些假材料，包括数据、实例等。运用时要注意两点：一是材料要尽可能编得合情合理；二是不可心虚，要理直气壮地用。另外，在校际比赛中，应禁用假材料。

2、妙语脱困

如果时间充裕，应事先准备好一些在很多情况下都能使用的妙语。在自由辩论中，不要急急忙忙把这些妙语抛出去，而应该用在本方最困难的时候。

如"温饱是谈道德的必要条件"。

正："对方一直回避这样的问题，超道德行为到底是不是道德行为？请对方回答。"

反："超道德当然不是道德。但如果按照对方的逻辑，那么裴多菲的《自由与爱情》诗大概就得改成：'爱情诚可贵，自由价更高，若为温饱故，二者皆可抛了。'"（笑声、掌声）

正方前面已充分论述了超道德不是道德，反方在回应一句以后，如果转入其他问题，总是有气弱之感，这时抛出事先准备的妙语占了上风。这句妙语几乎在自由辩论的任何时候都可以用。

这里还有另一个战术，超道德本来是一个伪概念，但反方并不去论述超道德其实也是道德，而是大胆承认了对方的观点，这是因为承认后对反方的论点并没有什么影响，相反，如果硬着头皮去说清楚，就要费太多的口舌了。

举一个大胆承认的例子。如"烟草业对社会利大于弊"。

反："对方老是说烟草业能上缴多少利税，能创造多少经济利益，难道要等到我国经济发达后，才来取缔烟草业吗？"

正："当然如此。"（停顿）

反："那你们将千千万万人的生命置于何地？"

正："我再提醒对方，吸烟只是会对人的身体健康造成一定影响，而这是经济发展过程中，不得不付出的代价。"

在这个例子中，正方成功地运用大胆承认的战术，打乱了反方的阵脚，相当得分。

3、连续提问。也叫连续进攻，主要是指临场与队友的配合。而这里的连续提问可以在事先准备好。如"烟草业对社会利大于弊"。

反："对方同学承不承认，烟草业是市场失灵的产物？"（停顿）

正："对方还没有告诉我们，你们的利弊标准是什么？"

反："这一点我方早已论述，我再请问对方，你们究竟承不承认烟草业是市场失灵的产物？"

正："事实胜于雄辩，如果烟草业对社会是弊大于利的话，那为什么我国还要嘉奖云南玉溪卷烟厂，难道是表扬他们多杀人吗？"

反："看来对方同学没办法回答我方的问题，那我再问一个更简单的问题，烟草业是不是一个外部不经济的行业？"

明知对方不太了解经济学方面的知识，有意提出这类问题，连提两次后，对方仍然回避，如果重复第三次，好像显得本方只有这么一个问题，这时候转向一个类似的问题，巧妙。

要注意两点，不能提问过多。别人听不懂的问题，偶尔一次是战术，多了会被人误认为在破坏辩论。对关键性的，不能由别的问题代替的提问，可以重复多次。这种情况不多，一般总能找到几个类似的问题。

4、攻击对方过激行为。在辩论中，对对手要保持一种尊重客气的态度，不可出现人身攻击的语言，也不能与队友大声谈笑、拍桌子、踢腿等等。如果对方有人身攻击的语言，可以这样说："对对方同学刚才的措词，我方表示遗憾……"，如果对方有很不礼貌的行为，可以这样说："在严肃的辩论场上，对方同学刚才却很不严肃地（拍桌子……），我方对此表示遗憾。"切不可针尖对麦芒，把辩论场变成吵架场。

听不清楚对方发言的对策

对策有二：一是客气地请对方重复一遍。这种做法优点是显得有风度，缺点是如果再听不清楚就不好办了，重复后如果听清楚了，又很难回避对方的问题。二是攻击说："对方说得不清不楚，我实在听不懂。"优点是掌握主动，缺点是显得不留情面。

用时

1、合理用时

自由辩论的时间是很宝贵的，每次发言都应该简短有力，不允许像规范发言一样"一、二、三"点地展开。在《狮城舌战》中，自由辩论双方各用时4分钟，台大发言33次，复旦发言32次，平均每次发言7秒多。一般说来，每次发言在15秒以内，绝不能超过半分钟。一定要半分钟以上才能说清楚的，不如让队友来回答，或者干脆回避。如果本方发言完了，对方却还剩下，一两分钟，那比赛等于是输了一半。

2、利用多余时间

对方发言时间用完后，如果本方还有多余，可以让四名队员挨次站起发言，这样显得颇有气势。一般情况下，每个队员发言都是完整的一句话。华东师大有所创新，四名队员的话加起来才是一句完整的话，而且他们常主动要求结束自由辩论，以显示气度。这种创新的缺点可能是不能充分利用时间。

辩论的攻击技巧

攻击，即在自由辩论中的主动进攻，主动发问。这在每个辩论队都是不可无的。然而，攻击能不能有效，又是由多方面因素决定的。

攻击的准备

这在辩论战略方案确定、辩词定稿之后就应该着手准备了。一般而言，每位辩手应该根据自己所阐述的内容准备向对方发问的问题，可根据自由辩论时间的长短来准备问题，若是初次上场，则应该准备20个问题左右。如果是这样，四个辩手准备的问题就应该大约有80个，一般足够坚持到自由辩论结束。在有的比赛中，有的队员有时间却没有问题可以问，这就是准备不足导致的。

准备提问的问题，应该从三个层面上进行准备。

现象层面的问题，又称事实层面问题。这类问题极易引起听众的共鸣，提的好则很容易出彩、出效果。但是需要注意的是，不可故做新奇而偏离辩题，那是会产生负效果的。

理论层面的问题，又称论据层面问题。即对本方论点给予引申，对对方的论据予以驳击的问题。这类问题，直问要提得尖锐，曲问要问得巧妙，反问要提得适时，逼问要问得机智，其效果就是让对方不好回答，又无法回避。

价值层面的问题，又称社会效应层面问题。即把对方论点、立场引申，从价值层面、社会效应层面去延伸它的效应，看其是否具备说服力，能否站得住。这类问题，一是能够扩大自由辩论的战场，给对方造成被动，同时也是争取听众、评委认同的重要侧面。当然，如果辩题立场对本方不利，就应该慎重使用，以免搬起石头却砸了自己的脚。

这三类问题中，事实层面的问题可包括历史事件、现实事实、国别事实、数字事实，等等；而理论层面的问题，除了立场中的论据，也可以延伸达到公理、哲学的层面。

有了这，三个层面的问题准备，就能够构成立体阵势，可以打自由辩论的立体战斗，让对方陷入立体包围之中的被动局势就已造成。我们看到，在比赛中，不少辩论队只准备了一个层面的问题，且大多是现象层面的问题，只在有趣上花时间，其结果是打击力不强，问来问去总是流于肤浅的现象之争，有时则由事实引发事实而偏题，变成了一般的语言游戏、提问游戏了，辩论的深度不容易看到，这就令人遗憾了。

攻击的组织

自由辩论中的有效攻击，应当体现出攻击的有序性，即看得出轮番上阵的脉络，而其基本，就是在场上要有主动权，处于控制场面的主动地位。为了达到这个目标，场上应该有"灵魂队员"，或者称为"主力辩手""主辩"。

由哪个辩手来充当这个人物都可以，但是一般由三辩或一辩、二辩来充当。有时，四辩也是很好的充当此人物的角色。他的任务就是要不仅透彻地知道本方的立场，也要透彻地知道对方的立场，规定陈词一结束，就能够发现对方的主要问题，从而有效的发起进攻。灵魂队员的任务是：

有冷静地把握整个自由辩论战斗局势的眼光，攻击务求有效。

充当场上的指挥员。发问不在多，而在精。其发问不仅是对对方的攻击，也是对本方立论的揭示和强化。

承担主动转移战场的任务。如在一个层面上问久了，则转向另一个层面发问；在一个层面处于被动，僵住了，则要转向另一个层面，开辟新的攻击点和战场。

对对方提出的危及本方底线、事关要害的问题，能够有效的化险为夷、转危为安、化被动为主动。

对本方误入对方圈套、远离本方、陷于被动之中的局面，要能够挽回并再发起攻击。

当然，其他队员要主动配合、主动呼应，才能形成整体的力量，这就需要队员之间的默契，形成"流动的整体意识"。

攻击的组织，其要点就在于形成整体的有序流变性。而不是东一榔头西一棒槌。零碎的攻击谈不上组织，它或许也能够有鳞光耀金的效果，但是对于群体辩论而言，是不可能握有主动权的。

在上场前，攻击的组织可以有如下的检查指标：

一是有没有组织者，也就是有没有"灵魂队员"，其组织、应变能力如何？二是整个队伍与之有没有心悦诚服的默契和感应？三是整个队伍对特定的辩题的立场认识是否完全一致，有没有大的梗阻？四是准备了几个层面的问题？这些问题可以对付、支撑多难的场面？能够支持多长时间？五是对于非常艰难的、苛刻的尖锐问题，本方研究到什么程度？有没有好的应对策略？六是自由辩论中将会出现的最为险难的局面，将会是一种什么状况？本方应该怎么对付？把这六个问题都想清楚了，都有解决的办法了，那么攻击的组织也有序而主动了。

攻击的技巧

攻击的技巧，主要有以下几种：

1、设置两难

即设置两难的问题，无论答此或答彼都将陷入被动。但是一定要对准话题，不可以做无病呻吟。

2、主动引申

即将对方的某个事实、某句话加以引申，造成本方主动、对方被动。

3、以矛攻盾

即将对方论点和论据间的矛盾、这个辩手和那个辩手陈述中的矛盾、某个辩手陈词中的矛盾、答这个问题和答那个问题之间的矛盾或其他方面的矛盾予以披露，令其尴尬，陷其于难堪。

4、归谬发问

即将其论点或论据或其他问题引申归谬，陷其于左右被动，无力自救。

5、简问深涵

即问题很简单，但涵义很深刻，与辩题密切相关。答准确很难，但是答不出来就很丢人，估摸回答却不准确，这也很容易陷入被动。

6、撕隙抓漏

即将对方的一小道缝隙撕裂撕大，将其明显的漏洞失误给予揭发提问，令其难堪。

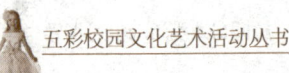
7、熟事新提

人往往对于身边自身很熟悉的事物却不经意，所谓熟视无睹，充耳不闻，或非常熟悉却只知道大概，却不明白它的详细。一般对这类事情提问，也很容易让对方陷入被动。

8、逼入死角

即把对方的问题逼入死角，再发问，令其难以逃脱。

9、多方追问

即从几个方向、几个侧面、几个层次上同时问一类问题。但是要注意的是，这类问题必须对准一个核心，即辩论的主要立场和观点，以造成合围的阵势，使对方没有招架的能力，更没有回手的能力。

10、夹击发问

即两个或多个人同时问同一类或一个问题，造成夹击态势，使对方顾此失彼。

11、问题同异

即面对同一个问题，从不同的角度提问，使对方难以自圆其说，

应接不暇。

应接不暇。

应接不暇。

12、异题同问

抓住对方的不同问题、不同表述加以归纳，概总而问，从问题的深度与高度上，使其无法把握，无力应答。

13、反复逼问

对本方提出的对方非答不可的问题，对方闪避了，就可以反复逼问，但是一般不能超过三次，不可以无限发问，那样反会造成无题可问，或令听众厌烦的负面效果。

14、辐射发问

即一个问题的提出时，同时威慑到对方四个辩手，犹如子母弹一般。这类问题，一般多在哲学或价值层面上发问。

15、同义反复

即同一个问题，用不同的语言方式发问，或角度不同，或问语不同。这类问题，多为辩论的主要立场、观点方面的问题。

16、近题遥问

即看似很近的事，用远视点来透视和提问。对方遥答往往答不得，近答又很难接上，陷入了难以捉摸、无从下手的窘境。

17、激情提问

即用心理调控的手段，直击对方情绪层，使其激动，引发情绪连动，从而淹没对方的理智。但是要注意的是不能够进行人身攻击与情绪对情绪，更不可陷入无理纠缠甚至胡搅蛮缠，那就画虎不成反类犬了。

18、布陷发问

也就是布置一个陷阱，让对方来钻，或想方设法将之套进去。其更高技巧就是连环套。

19、长抽短吊

即忽然提这样的问题，忽然又提那样的问题，不离辩题，却又忽

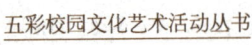

东忽西，以思维的快捷与急智来取得主动。

20、答中之问

分为两种，一种是在对方答问时发现问题，包括陈词阶段发现的问题，予以提问；另一种是在自己回答对方问题时的反问。

攻击的风格

由于自由辩论如疾风迅雷，所以不同场次、不同队伍的辩论风格也不尽相同。没有形成风格的队伍即使辩胜，也只是初级层次的。因此，有风格意识并力争形成自己的辩论风格，是一支辩论队有追求、有实力的表现。它其实是一支队伍整体人格的呈现。

攻击的风格，一般而言有情绪型、理智型、稳健型三种。

情绪型的队伍往往只在趣事、情绪化的层面上实施攻击。它也能够引发一些活跃的效果，但是也易于耽于情绪、就事论事，甚至会误入漫骂的泥沼，使辩论流于表面、层次不高，缺乏应有的深度。

理智型的队伍往往执著于理辩的层面，这容易体现思想的深度，但是又会失之于辩论的活泼不足，弱化了应有的观赏性。

稳健型的队伍因为其理智和稳健，而注意到了应有的活泼，是兼取了前二者之长的。显然，自由辩论的风格当以稳健为上，从比赛的实践看，稳健型风格的辩论队不仅易于取胜，且留给观众、评委的印象也比较深刻。

辩论的防守技巧

辩论中的自由辩论阶段，就是由进攻和防守两个方面组成的，因此，不仅要有进攻的准备，还要有防守的准备。只会进攻不一定能够取胜，只会防守当然就更容易陷入被动了。该防守就防守，该进攻就进攻，能攻能守的队伍才能游刃有余。防守中，应该注意的技巧有以下几个方面：

1、盯人技巧

即各人盯住各人的对象防守。一般就是一辩盯一辩，二辩盯二辩……。即一辩回答一辩的问题，二辩回答二辩的问题……。这样各人就会有关注的具体目标，就不会出现好回答的问题就抢着回答，难回答的问题就你推我让的。当然，在分工之后又讲合作，最难回答的问题，就由"灵魂队员"补救了。

2、长项技巧

即根据各人的长项来分工，首先确认辩手各人的长项，如长于说理、长于说史、长于记忆、长于辨析，等等，则承担相应的问题来防守，这也不至于出现混乱局面或冷场。

3、合围技巧

假如对方有一位非常突出的辩手，不仅对方整个局面靠其支撑，且对本方威胁很大，甚至本方队员对其有畏惧感，一对一的战术是不太可能奏效的。那就采取合围技巧，即以全队的四个人的力量来围击、合击，从四个人不同的侧面对准他的问题，以守为攻，一般都会有效。只要他顶不住了，那对方的阵脚就会乱了，自然就会垮了。

但是要注意的是，有实力甚至实力更强大的队员靠一两个回合是难以制伏的，因此要有韧劲，不可太急切，争取五六个回合使其难于招架，提不出更尖锐的问题，内在的进攻力度大大减弱，才能有取胜的基础。

4、夹击技巧

就是对有的问题，有的队员采用二人夹击的方式来对待。

5、高压技巧

一般在辩论赛中，由于参赛队的实力比较接近，所以在自由辩论中容易出现同位推顶的情况，这一方面容易浪费时间，另一方面不容易取胜。

破解的办法是采用高位迫压防守。如对方提出的是现象问题，就将之上升到理论高度上来回答；如对方提出的是现实问题，那就从历史的角度来回答；如对方提出的是具体问题、微观问题，就以全景认识、宏观认识来回答，以此类推。

若此，对对方的问题以高位下罩的方式和统罩下盖的方式，使对方感到自己的思维位势稍逊一筹，从而内心产生动摇，其攻击力也就随之动摇而弱化了。

6、指误技巧

即不正面回答问题，而是指出对方所问问题在逻辑上、理论上、事实上、价值上、立场上、表达上和常识上的毛病，使之陷入尴尬局面。

7、归谬技巧

即对有的问题不做正面回答，而是将之做概纳引申归谬，直指其终端的谬，陷其于被动的境地。

8、反问技巧

即从反方向上反问其问题的悖常性、悖题性、悖理性、悖逻辑性，从而化被动而为主动。

9、幽默技巧

即面对自己从容回答尚有富余的问题，适时幽对方一默，效果一定是绝佳的了。

10、短答技巧

适于一字、一词、一个成语、一个句子就能够答清，且能够反陷对方于被动的问题，就应该果断而适时的使用。

11、启导技巧

对于那些喜欢滔滔不绝、有演讲欲而又容易动情、不易冷静理智的辩手，表现欲特盛的辩手，语词啰嗦繁复的辩手，在回答问题时不妨巧妙启发他的教导意识，任由其滔滔不绝地讲，其直接效果是消耗了对方的规定时间。

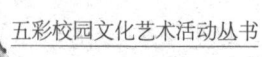

12、揭弊技巧

在回答问题时，巧妙合理地揭示其弊端。如同一个人陈词与发问中的弊病与矛盾，前一个问题与后一个问题的矛盾，两个或数个人问题中的矛盾，等等。揭示其弊端与矛盾，使其问题本身站不住脚，防守便转为攻击，目的自然也就达到了。

13、激怒技巧

即是答问时巧激其怒，使之心理由理智层进入情绪层，无法冷静，无从自控，就可望令其自己乱自己心绪。但是切忌不可使用人身攻击，这是犯禁行为。

14、评价技巧

即不正面回答问题，而是对其问题予以评价，指其目的，断其归路。

15、闪避技巧

即对那些一两句话难以答清的问题，采用合理闪避的方式，其基点是不离开辩题的立场。

16、反复技巧

即以同义反复的方式回答。也就是意思一样，但语言不同。

17、类比技巧

即面对对方的问题，不做正面拦截，而是用同类比较的方式，把问题抛回给对方。

18、陷阱技巧

既在答问中，巧设陷阱让对方来钻，然后，在下一个回合中予以指驳，使对方露馅。

19、联动技巧

即本方二人以上联动，回答问题时一唱一和，此唱彼和，你呼我应，以整体的优势对之。

20、侧击技巧

即不正面回答问题，而从侧面引出相关问题，反请对方来回答。

21、连环技巧

即在答问中故设连环，环环相扣，将对方的问题定格在某一环中，将其扣死。

22、组接技巧

即将对方自己的立场或陈词、反问、答问中的语言予以组合回答，即让对方自己打自己嘴巴。

23、名言技巧

即恰到好处的巧借名言、警语、格言、民谚、诗歌、歌词、流行语等来回答。当然也可以改头换面，重组搭配来回答。

24、错接技巧

即有意错接问题，反让对方判断，使之主动防守。

25、引申技巧

即将问题引申开来，揭示其实质与要害，再一口咬破，直断其喉。

辩论反客为主技巧

反客为主的原意是：客人反过来成为主人。比喻变被动为主动。在辩论赛中，被动是赛场上常见的劣势，也往往是败北的先兆。辩论中的反客为主，通俗地说，就是在辩论中变被动为主动。下面，本文试以技法理论结合对实际辩例的分析，向大家介绍几种反客为主的技巧。

1、借力打力

武侠小说中有一招数，名叫"借力打力"，是说内力深厚的人，可以借对方攻击之力反击对方。这种方法也可以运用到辩论中来。

例如，在关于"知难行易"的辩论中，有这么一个回合：

正方：对啊！那些人正是因为上了刑场死到临头才知道法律的威力。法律的尊严，可谓"知难"哪，对方辩友！
（热烈掌声）

当对方以"知法容易守法难"的实例论证于知易行难时，正方马上转而化之，从"知法不易"的角度强化己方观点，给对方以有力的回击，扭转了被动局势。

这里，正方之所以能借反方的例证反治其身，是因为他有一系列并没有表现在口头上的、重新解释字词的理论作为坚强的后盾。辩题中的"知",不仅仅是"知道"的"知",更应该是建立在人类理性基础上的"知";守法并不难,作为一个行为过程,杀人也不难,但是要懂得保持人的理性,克制内心滋生出恶毒的杀人欲望,却是很难。这样,正方宽广、高位定义的"知难"和"行易"借反方狭隘、低位定义的"知易"和"行难"的攻击之力,有效地回击了反方,使反方构建在"知"和"行"浅表层面上的立论框架崩溃了。

2、移花接木

剔除对方论据中存在缺陷的部分,换上于我方有利的观点或材料,往往可以收到"四两拨千斤"的奇效。我们把这一技法喻名为"移花接木"。

例如,在"知难行易"的辩论中曾出现过如下一例:

> 反方:古人说"蜀道难,难于上青天",是说蜀道难走,"走"就是"行"嘛!要是行不难,孙行者为什么不叫孙知者?
>
> 正方:孙大圣的小名是叫孙行者,可对方辩友知不知道,他的法名叫孙悟空,"悟"是不是"知"?

这是一个非常漂亮的"移花接木"的辩例。反方的例证看似有板有眼,实际上有些牵强附会:以"孙行者为什么不叫孙知者"为驳论,虽然是一种近乎强词夺理的主动,但毕竟在气势上占了上风。正方敏锐地发现了对方论据的片面性,果断地从"孙悟空"这一面着手,以"悟"就是"知"反诘对方,使对方提出关于"孙大圣"的引证成为抱薪救火、惹火烧身。

3、顺水推舟

表面上认同对方观点,顺应对方的逻辑进行推导,并在推导中根据我方需要，设置某些符合情理的障碍，使对方观点在所增设的条件下不能成立，或得出与对方观点截然相反的结论。

例如，在"愚公应该移山还是应该搬家"的辩论中：

> 反方："我们要请教对方辨友，愚公搬家解决了困难，保护了资源，节省了人力、财力，这究竟有什么不应该？"
>
> 正方："愚公搬家不失为一种解决问题的好办法，可愚公所处的地方连门都难出去，家又怎么搬？可见，搬家姑且可以考虑，也得在移完山之后再搬呀！"

从上面的辩词来看，反方的就事论事，理据充分，根基扎实，正方先顺势肯定"搬家不失为一种解决问题的好办法"，继而均以"愚公所处的地方连门都难出去"这一条件，自然而然地导出"家又怎么搬"的诘问，最后水到渠成，得出"先移山，后搬家"的结论。如此一系列理论环环相扣、节节贯穿，以势不可当的攻击力把对方的就事论事打得落花流水，真可谓精彩绝伦！

4、正本清源

所谓正本清源，本文取其寓意而言，就是指出对方论据与论题的关联不紧或者背道而驰，从根本上矫正对方论据的立足点，把它拉入我方"势力范围"，使其恰好为我方观点服务。较之正向推理的"顺水推舟"法，这种技法恰是反其思路而行之。

例如，在"跳槽是否有利于人才发挥作用"的辩论中，有这样一节辩词：

> 正方："张勇，全国乒乓球锦标赛的冠军，就是从江苏跳槽到陕西，对方辩友还说他没有为陕西人民作出贡献，真

叫人心寒啊！"（掌声）

反方："请问到体工队可能是跳槽去的吗？这恰恰是我们这里提倡的合理流动啊！（掌声）对方辨友戴着跳槽眼镜看问题，当然天下乌鸦一般黑，所有的流动都是跳槽了。"（掌声）

正方举张勇为例，他从江苏到陕西后，获得了更好地发展自己的空间，这是事实。反方马上指出对方具体例证引用失误，张勇到体工队，不可能是通过"跳槽"这种不规范的人才流动方式去的，而恰恰是在"公平、平等、竞争、择优"的原则下"合理流动"去的，可信度高、说服力强、震撼力大，收到了较为明显的反客为主的效果。

5、釜底抽薪

刁钻的选择性提问，是许多辩手惯用的进攻招式之一。通常，这种提问是有预谋的，它能置人于"二难"境地，无论对方作哪种选择都于己不利。对付这种提问的一个具体技法是，从对方的选择性提问中，抽出一个预设选项进行强有力的反诘，从根本上挫败对方的锐气，这种技法就是釜底抽薪。

例如，在"思想道德应该适应（超越）市场经济"的辩论中，有如下一轮交锋：

反方："我问雷锋精神到底是无私奉献精神还是等价交换精神？"

　　正方："对方辩友这里错误地理解了等价交换，等价交换就是说，所有的交换都要等价，但并不是说所有的事情都是在交换，雷锋还没有想到交换，当然雷锋精神谈不上等价交换了。"（全场掌声）

　　反方："那我还要请问对方辩友，我们的思想道德它的核心是为人民服务的精神，还是求利的精神？"

　　正方："为人民服务难道不是市场经济的要求吗？"（掌声）

　　第一回合中，反方有"请君入瓮"之意，有备而来。显然，如果以定势思维被动答问，就难以处理反方预设的"二难"。选择前者，则刚好证明了反方"思想道德应该超越市场经济"的观点；选择后者，则有背事实，更是谬以千里。

　　但是，正方辩手却跳出了反方"非此即彼"的框框设定，反过来单刀直入，从两个预设选项抽出"等价交换"，以倒树寻根之势彻彻底底地推翻了它作为预设选项的正确性，语气从容，语锋犀利，其应变之灵活、技法之高明，令人叹为观止！

　　当然，辩场上的实际情况十分复杂，要想在辩论中变被动为主动，掌握一些反客为主的技巧还仅仅是一方面的因素，另一方面，反客为主还需要仰仗于非常到位的即兴发挥，而这一点却是无章可循的。

　　6、攻其要害

　　在辩论中常常会出现这样的情况：双方纠缠在一些细枝末节的问题、例子或表达上争论不休，结果，看上去辩得很热闹，实际上已离题万里。这是辩论的大忌。

　　一个重要的技巧就是要在对方一辩、二辩陈词后，迅速地判明对方立论中的要害问题，从而抓住这一问题，一攻到底，以便从理论上彻底地击败对方。如"温饱是谈道德的必要条件"这一辩题的要害是：在不温不饱的状况下，是否能谈道德？在辩论中只有始终抓住这个要害问题，才能给对方以致命的打击。

　　在辩论中，人们常常有"避实就虚"的说法，偶尔使用这种技巧是必要的。比如，当对方提出一个我们无法回答的问题时，假如不知装知之，勉强去回答，不但会失分，甚至可能闹笑话。在这种情况下，就要机智地避开对方的问题，另外找对方的弱点攻过去。

　　然而，在更多的情况下，我们需要的是"避虚就实"、"避轻就重"，即善于在基本的、关键的问题上打硬仗。如果对方一提问题，

我方立即回避，势必会给评委和听众留下不好的印象，以为我方不敢正视对方的问题。此外，如果我方对对方提出的基本立论和概念打击不力，也是很失分的。善于敏锐地抓住对方要害，猛攻下去，务求必胜，乃是辩论的重要技巧。

7、利用矛盾

由于辩论双方各由四位队员组成，四位队员在辩论过程中常常会出现矛盾，即使是同一位队员，在自由辩论中，由于出语很快，也有可能出现矛盾。一旦出现这样的情况，就应当马上抓住，竭力扩大对方的矛盾，使之自顾不暇，无力进攻我方。

比如，在与剑桥队辩论时，剑桥队的三辩认为法律不是道德，二辩则认为法律是基本的道德。这两种见解显然是相互矛盾的，我方乘机扩大对方两位辩手之间的观点裂痕，迫使对方陷入窘境。又如对方一辩起先把"温饱"看作是人类生存的基本状态，后来在我方的凌厉攻势下，又大谈"饥寒"状态，这就是与先前的见解发生了矛盾，我方"以子之矛，攻子之盾"，使对方于急切之中，理屈词穷，无言以对。

8、引蛇出洞

在辩论中，常常会出现胶着状态，当对方死死守住其立论，不管我方如何进攻，对方只用几句话来应付时，如果仍采用正面进攻的方法，必然收效甚微。在这种情况下，要尽快调整进攻手段，采取迂回的方法，从看来并不重要的问题入手，诱使对方离开阵地，从而打击对方，在评委和听众的心目中造成轰动效应。

在我方和悉尼队辩论"艾滋病是医学问题，不是社会问题"时，对方死守着"艾滋病是由HIV病毒引起的，只能是医学问题"的见解，不为所动。

于是，我方采取了"引蛇出洞"的战术，我方二辩突然发问："请问对方，今年世界艾滋病日的口号是什么？"对方四位辩手面面相觑，为不至于在场上失分太多，对方一辩站起来乱答一通，我方立即予以纠正，指出今年的口号是"时不我待，行动起来"，这就等于在对方的阵地上打开了一个缺口，从而瓦解了对方的坚固的阵线。

9、李代桃僵

当我们碰到一些在逻辑上或理论上都比较难辩的辩题时，不得不采用"李代桃僵"的方法，引入新的概念来化解困难。比如，"艾滋病是医学问题，不是社会问题"这一辩题就是很难辩的，因为艾滋病既是医学问题，又是社会问题，从常识上看，是很难把这两个问题分开的。

因此，按照我方预先的设想，如果让我方来辩正方的话，我们就会引入"社会影响"这一新概念，从而肯定艾滋病有一定的"社会影响"，但不是"社会问题"，并严格地确定"社会影响"的含义，这样，对方就很难攻进来。

后来，我们在抽签中得到了辩题的反方，即"艾滋病是社会问题，不是医学问题"，在这种情况下，如果我们完全否认艾滋病是医学问题，也会于理太悖，因此，我们在辩论中引入了"医学途径"这一概念，强调要用"社会系统工程"的方法去解决艾滋病，而在这一工程中，"医学途径"则是必要的部分之一。

这样一来，我方的周旋余地就大了，对方得花很大力气纠缠在我方提出的新概念上，其攻击力就大大地弱化了。

"李代桃僵"这一战术之意义就在于引入一个新概念与对方周旋，从而确保我方立论中的某些关键概念隐在后面，不直接受到对方的攻击。

辩论是一个非常灵活的过程，经验告诉我们，只有使知识积累和辩论技巧珠联璧合，才可能在辩论赛中取得较好的成绩。

10、缓兵之计

在日常生活中，我们可以见到如下情况：当消防队接到求救电话时，常会用慢条斯理的口气来回答，这种和缓的语气，是为了稳定说话者的情绪，以便对方能正确地说明情况。又如，两口子争吵，一方气急败坏，一方不焦不躁，结果后者反而占了上风。再如，政治思想工作者常常采用"冷处理"的方法，缓慢地处理棘手的问题。这些情况都表明，在某些特定的场合，"慢"也是处理问题、解决矛盾的好办法。辩论也是如此，在某些特定的辩论局势下，快攻速战是不利的，缓进慢动反而能制胜。

例如，1940年，丘吉尔在张伯伦内阁中担任海军大臣，由于他力主对德国宣战而受到人们的尊重。当时，舆论欢迎丘吉尔取代张伯伦出任英国首相，丘吉尔也认为自己是最恰当的人选。但丘吉尔并没有急于求成而是采取了"以慢制胜"的策略。他多次公开表示在战争爆发的非常时期，他将准备在任何人领导下为自己的祖国服务。

当时，张伯伦和保守党其他领袖决定推举拥护绥靖政策的哈利法克斯勋爵作为首相候选人。然而主战的英国民众公认在政坛上只有丘吉尔才具备领导这场战争的才能。在讨论首相人选的会议上，张伯伦问："丘吉尔先生是否同意参加哈利法克斯领导的政府？"能言善辩的丘吉尔却一言不发，足足沉默了两分钟之久。

哈利法克斯和其他人明白，沉默意味着反对。一旦丘吉尔拒绝入阁，新政府就会被愤怒的民众推翻。哈利法克斯只好首先打破沉默，说自己不宜组织政府。丘吉尔的等待终于换来了英国国王授权他组织新政府。

再举一例，在某商店里，一位顾客气势汹汹找上门来，喋喋不休地说："这双鞋鞋跟太高了，样式也不好……"商店营业员一声不吭，耐心地听他把话说完，一直没打断他。等这位顾客不再说了，营业员才冷静地说："您的意见很直爽，我很欣赏您的个性。这样吧，我到里面去，再另行挑选一双，好让您称心。""如果您不满意的话，我愿再为您服务。"这位顾客的不满情绪发泄完了，也觉得自己有些太过分了，又见营业员是如此耐心地回答自己的问题，也很不好意思。结果他来了个180°的大转弯，称赞营业员给他新换的实际上并无太大差别的鞋，说："嘿，这双鞋好，就像是为我订做的一样。"营业员以慢对快，以冷对热，让顾客把怒气宣泄出来，达到了心理平衡，化解了这一场纠纷。

从上面的例子中，我们可以概括出在辩论中要正确使用"以慢制胜"法，至少要注意以下三点：

（1）以慢待机，后发制人。俗话说："欲速则不达。"在时机不成熟时仓促行事，往往达不到目的。辩论也是如此，"慢"在一定条件下也是必须的。"以慢制胜"法实际上是辩论中的缓兵之计，缓兵之计是延缓对方进兵的谋略。

当辩论局势不宜速战速决，或时机尚不成熟时，应避免针尖对麦芒式的直接交锋，而应拖延时间等待战机的到来。一旦时机成熟，就可后发制人，战胜论敌。如第一例中，丘吉尔在时机不成熟时，不急于成功，以慢待机。在讨论首相人选的关键时刻，以沉默表示反对，最终赢得了胜利。

（2）以慢施谋，以弱克强。"以慢制胜"法适用于以劣势对优势、以弱小对强大的辩论局势。它是弱小的一方为了战胜貌似强大的一方而采取的一种谋略手段。"慢"中有计谋，缓动要巧妙。这里的"慢"并非反应迟钝，不擅言辞的同义语，而是大智若愚、大辩若讷的雄辩家定计施谋的法宝之一。

如第一例中，丘吉尔面对张伯伦的追问，装聋作哑，拖延时间，实际上是假痴不癫的缓兵之计。在这一种韧性的相持中，张伯伦一方终于沉不住气了，丘吉尔以慢施谋终于取得了胜利。

（3）以慢制怒，以冷对热。"慢"在辩论中还是一种很好的"制怒"之术。辩论中唇枪舌剑，自控力较差的人很容易激动。在这种情况下，要说服过分激动的人，宜用慢动作、慢语调来应付。以慢制怒，以冷对热，才能使其"降温减压"。只有对方心平气和了，你讲的道理他才能顺利接受。如第二例中的营业员，就是以冷静的态度、和缓的语气，平息了对方的怒气，化解了矛盾。

总之，辩论中的"快"与"慢"也是一种对立统一的辩证关系。兵贵神速，"快"当然好。可是，有时"慢"也有"慢"的妙处。"慢"可待机，"慢"可施谋，"慢"可制怒。"慢"是一种韧性的战术，"慢"是一场持久战，"慢"是舌战中的缓兵之计。缓动慢进

花的时间虽长，绕的弯子虽大，然而在许多时候，它却往往是取得胜利的捷径。

11、其他技巧

（1）节奏把握。自由辩论的时间不长，但是由于争锋剧烈，对抗性强，故往往呈现出很强的快节奏。一般而言，一强到底、一胜到底的队伍不多，这就需要有韧劲和力量，持久才能取胜。故有经验的辩论队往往是先弱后强、欲擒故纵。其利在于先让对方强，以观察其底气，辨别其优劣，再制伏它。

（2）避锋折锐。针锋相对，往往会陷于对峙和僵持。你针尖我麦芒，你推我搡，既不利于取胜，现场效果也不好。故有经验的辩论队往往不正面迎击，而是闪避一旁，轻轻折断其锋锐。这种闪避不是回避问题，而是巧用智力，或侧击、或高压、或机智、或幽默，巧击要害，巧借场上效果来使对方退却。简言之，即以大智大巧而对，不以表面热闹、直硬相拼见高低。

（3）时间把握。即从严把握本方时间，有意启导、引导对方在无意识中把规定时间及早耗尽，以造成缺席审判的情势，这对本方极为有利。

（4）打乱阵脚。组织有序进攻，打乱对方的阵脚，使之兵未败而阵先乱，岂有不败之理？

（5）直击底线。有意识地对对方底线全力猛攻，使其自我动摇，无力接济，仅有招架之功，却无还手之力，处于被动境地。

这些，仅是一般的技巧。由于辩论如战争，场上情况千变万化，有的或许有用，有的却不一定有用。根据具体赛势，熟能生巧，就会有相应的技巧创新。有道是，最高的技巧是无技巧，那当然是高境界了。对于新辩手，了解一些一般技巧，应该不会是多余的事情。

NO4.校园演讲活动学习指导

演讲的性质与心理

演讲又叫讲演或演说，是指在公众场所，以有声语言为主要手段，以体态语言为辅助手段，针对某个具体问题，鲜明、完整地发表自己的见解和主张，阐明事理或抒发情感，进行宣传鼓动的一种语言交际活动。一般做演讲主体的是名人或者有特殊经历的人，以面对公众传播演讲语言达到某种目的。

演讲的性质

1、社会性

演讲活动发生在社会成员之间，它是一个社会成员对其他社会成员进行宣传鼓动活动的口语表达形式。因此，演讲不只是个体行为，还具有很强的社会性。

2、现实性

所谓现实性，是指符合客观事物的真实情况的性质。

3、艺术性

演讲是优于一切现实的口语表现形式，它要求演讲者去除一般讲话中的杂乱、松散、平板的因素，以一种集中、凝练、富有创造色彩的面貌出现，这就是演讲的艺术性。

4、综合性

演讲只是发生在一定时间内的活动，而为这一活动，演讲者要有各方面的充分准备，同时，还需要大量的组织工作与之配合。这就是演讲的综合性。

5、逻辑性

演讲者思维要缜密，语言应有条理、层次分明、结构清楚，这就是演讲的逻辑性。

6、针对性

演讲主题应是众所周知的问题，要注意听众的年龄、身份、文化程度等，这就是演讲的针对性。

7、感染性

演讲者要有鲜明的观点、自己独到的见解和看法以及深刻的思想等，要善于用流畅生动、深刻风趣的语言和恰当的

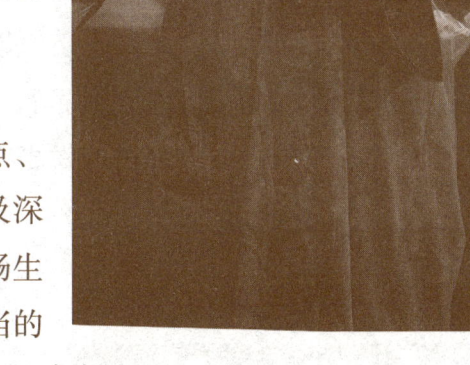

修辞打动听众，这就是演讲的感染性。

演讲中的两个典型心理

1、演讲中的求同性

听众最想了解什么，关心什么，对什么最感兴趣。演讲要从他们的需求出发，让听众觉得你就是他们的代言人，所讲的正是他们所关心的问题或是他们所需求的东西。

这样，就能与听众心理相融。如果演讲者只着眼于自己的愿望和兴趣，不顾听众的需求和兴趣，那么，一场与听众毫无求同性可言的演讲，是听众所反感和厌恶的，是彻头彻尾失败的演讲。

演讲者要以平等的态度对待听众。聪明的演讲者总是平易近人。如果盛气凌人，处处以教训人的口吻，时时以领导者、教育者和贤明

者自居，没有哪个听众会甘愿受你的训斥。

当然，这并不是要你对听众低三下四、讲一大堆客气话，把自己说得一无是处。这不仅收不到好的效果，还会影响你在听众中的威信。要让听众觉得你就是他们阵营中的一员，用亲切和真诚去感染他们。一句话，既流露出真情实感，又富有真知灼见，唯此方能达到预期的演讲效果。

演讲离不开"演"的成分，但主要的还是"讲"，听众主要是靠听觉从演讲中获得信息。演讲不同于阅读，看不懂可以反复地看。演讲时除了个别语句演讲者有意重复外，其他的话是一遍而过，不可能再听第二遍。因此，如果演讲的发表结构繁乱、跳跃，听众就难以弄清你讲的顺序和意思，继而产生厌烦情绪，去注意别的事情了。

所以，演讲者应精心设计演讲的发表结构，使其既条理清晰，又引人入胜，演讲才能吸引听众的注意力，并最终赢得他们的认可。下面这个例子就是求同性的经典实例：

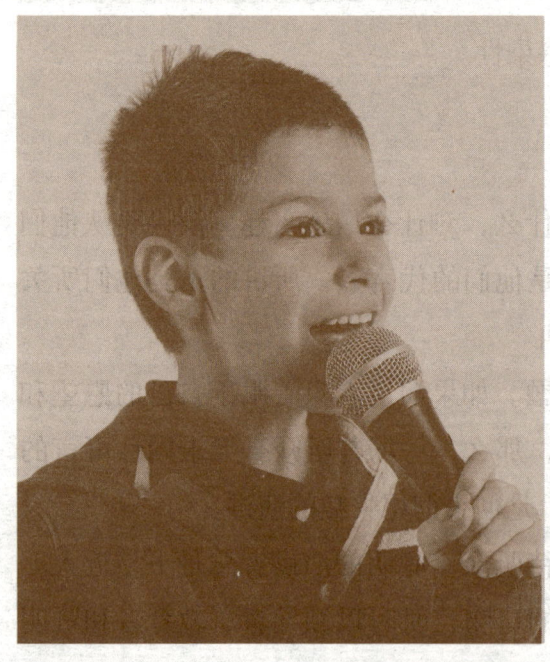

二战期间，盟军炮火曾猛烈袭击德国鲁尔工业区，致使许多无辜民众丧命，这引起德国民众的极端痛恨。

战争结束前的一天，一架英国飞机被击落，两名军人被迫跳伞，一落地就被德国警察俘虏了。年轻人鲁美德尼跑到市中心广场上看热闹，只见警察押回了两名英国战俘，正在广场上等汽车，准备把战俘押到战俘营里去。

英国兵跳伞时，很多人正在干活，他们顺手抄起草叉、铁锹等工具，一窝蜂地跑来了，一见到英国战俘，他们立即想起了盟军对德国城市的猛烈轰炸，想起了那些悲惨死去的亲人，便愤怒地喊道："杀死他们！干掉他们！"

人们群情激愤，高举工具，步步紧逼。两名战俘不过才19岁，他们看上去惊恐万状。两名警察也抵挡不住操着草叉和铁锹的愤怒人群。

就在这时，鲁美德尼跑到战俘和人群之间，大喊着让人们住手。人们不愿意伤害这个年轻人，向后面退了退。鲁美德尼高声讲道："看看这两个战俘吧！他们还只是孩子！他们和你们自己的孩子没什么两样。他们做的也正是你们的孩子正在做的——为各自的国家而战。要是你们的孩子在敌国中弹，作了战俘，你们也不想让那里的人们把他们杀掉。所以，请你们不要伤害这俩孩子。"

人们听着，先是感到惊异，继而羞愧，最后一位妇女说："竟是个年轻人告诉咱们什么是对的，什么是错的。"人群渐渐散开了。英军战俘得救了，他们脸上流露的宽慰和感激之情。

一番简短的演讲竟然救了两条性命，原因在于鲁美德尼的演讲情理交融，说服力强。他先从英国战俘的年龄说起，使听众联想到自己的孩子，从而激发其同情心，为进一步说理打下基础。

随后将战俘和听众的孩子摆在同一位置，阐明"为各自的国家而战"便是不该杀死他们的理由，语言简洁有力，却能引发听众思考。

紧接着，用假设条件句诱导听众进行换位思考，谁都不愿意让自己的孩子被杀掉。最后，提出号召，彻底打消了人们杀死战俘的念头，拯救了两条性命。可见，"水激石则鸣"，情理交融的演讲往往能迸发出巨大的说服力量。

2、演讲中的求异性

当然，演讲除了要努力求同外，还要刻意追求演讲的求异性，这样，演讲者的个性、风格和特色才会显露出来。

在与听众求同的同时，也要尽量选择一些典型的、生动的、鲜为人知的新材料，从这些材料中引出新见解。只有当听众听起来有趣，觉得你在演讲中渗透着新东西、新信息、新见解，才会由衷地信任你而投入全部的注意力。如果你的演讲总习惯于重复老材料，你就很难引起听众的兴趣，更别想博得他们的好感了。

创新是命运转变的唯一希望。要在演讲中收获"一鸣惊人"的效果，就要引用新材料，引发出独具特色的能穿透听众心灵的新见解才行。不要惧怕新的东西，它将为你的演讲带来惊喜。

世上没有两片相同的树叶，每一个演讲者都是独具特色、与众不同的。演讲时，可以慷慨激昂，也可以娓娓而谈，可以庄重沉稳，也可以幽默风趣。这完全要依自己的风格来定，只要与自身特点相和谐，就是一种美。无论是"气势磅礴"还是"吟吟如诗"，只要能打动听众，就是成功的演讲。

每一位成功的演讲者都力求做到求同与存异的完美结合，因为他们明白，二者是对立且统一的。心里装有听众但又不失自己风格的演讲才能打动听众，才能取得演讲的成功。

演讲者的素质

　　演讲者必须要具备"生命力、活力及热情"的素质，才能完全左右现场成千上万听众的情绪。

　　演讲者的精力是非常重要的。旺盛的体力能够吸引每一个人。人们总喜欢聚集在精力旺盛的演说者身旁，就像大雁总喜欢聚集在秋天的麦田里一样。

　　那么，如何达到这种境界，使你的演讲既能生龙活虎，又能吸引听众的注意力呢？

　　1、选择自己热衷的话题

　　对自己的题目要有深切的感受，这一点非常重要。除非对自己所选择的题目怀着特别偏爱的情感，否则就别企望听众会相信你那一套鬼话。道理非常明显，假如你对你所选择的题目有实际接触和经验，对它充满热诚，如某种嗜好或消遣的追求等；或者你对该题目曾有过深深的关切，比方说，你认为在自己社区里有必要设立一所好的学校，因而满怀热情，那就不发愁演讲时没有激情了。

演讲前，每个人都会担心自己选择的题目是否会提起听众的兴趣。请注意，只有一个方法能保证让听众感兴趣，那就是点燃自己对题目的热情，你就会所向披靡。

2、重现自己对题目的感觉

人们去欣赏话剧、电影的原因之一，其实就是想见到、听到感情的表露。我们非常害怕自己会当众流露感情，因此去看艺术表演，以满足这种感情流露。

演讲时，你应该按着自己的热心程度而表现出自己的热诚与兴趣。不要压抑自己真挚的情感，也不要在自己真实感人的热情上面加个闭气闸。让听众看看，你对谈论自己的题目有多么热诚，这样，他们就会被你的意志所左右，被你的真诚所打动。

3、表现热烈

你走向演讲台时，应该是满心期盼的神态，而不是像个要上绞刑架的人。轻快跳跃的脚步也许大部分是装出来的，可是却会为你创造奇迹，并会使听众觉得你有自己非常热切想要谈论的事情。

在开讲前，做一个深呼吸，不要靠着讲桌。头抬高，下颌仰起。你就要告诉听众一些有价值的事情，因此你全身每一部分都应该清楚无误地让他们知道这点。现在你是大权在握，像威廉·詹姆斯所说的，要表现得好像是如此。若能设法将声音传到大厅的后方，这样的音效会让你更有所把握。

演讲时，若能伴以有力的手势，更能使气氛达到高潮。只要会场的气氛热烈，你自己和听众都会感到振奋。

演讲稿的写作方法

演讲稿也叫演说辞，它是在较为隆重的仪式上和某些公众场所发表的讲话文稿。

演讲稿是人们在工作和社会生活中经常使用的一种文体。它可以用来交流思想、感情，表达主张、见解；也可以用来介绍自己的学习、工作情况和经验，等等；演讲稿具有宣传、鼓动、教育和欣赏等作用，它可以把演讲者的观点、主张与思想感情传达给听众以及读者，使他们信服，并在思想感情上产生共鸣。

演讲稿写作准备

演讲要有题目，选择什么样的题目来演讲这是演讲者和听众共同关心的问题。题目是演讲者和听众的一个媒介。听演讲不同于读文章、看报。不感兴趣的文章、不愿看的报纸可以随时搁下不看。在人数众多的集会场所听演讲，如果遇到不感兴趣的讲题，也不好随便退场，只能硬着头皮去听，这就成为一种负担。

为了不尴尬，听众往往根据演讲的题目选择感兴趣的演讲。正因为如此，演讲的选题很重要，在很大程度上决定演讲的效果。那么选择什么样的题目才是恰当适宜的呢?可从如下几个方面着眼：

1、人们普遍关心的话题

这是指在一定时期和阶段，在一定领域中，与广大群众利益息息相关的、关系国家繁荣富强的、社会主义物质文明精神文明建设中迫切需要解决的话题。如振兴中华、探讨人生的价值和理想、畅谈历史责任和抒发爱国情怀，等等。把这类话题作为选题重点，运用科学的解释，提高人们的思想认识，调动广大群众的积极性。

2、传播科学文化知识的话题

这类选题极为广泛。从大的范围来说，可以是自然科学、社会科学、哲学方面的知识；就某一学科领域来说，可以是历史知识、文学知识、社会学、经济学、国学知识，或是有关最新的科学成就、未来新科学的展望，等等。从这些方面选题，可以开阔听众的视野，提升他们的智力，使他们从心底里产生强烈的求知欲。

3、听众感兴趣的话题

就是指听众普通关心、经常议论的生活、学习、工作上的话题。比如青年，他们普遍关心、议论的是理想前途、青春价值、成才之路、婚姻恋爱、家庭生活等。结合他们的实际选题，就会引起他们的兴趣。兴趣是在人们需要和实践活动中产生和发展起来的，没有需要就不会产生兴趣，因此，必须选择听众需要的话题。

4、亲身经历的话题

个人的体验比空泛的理论更受听众的欢迎。听众对个人的生活经验，富于个性的见解，如何在各种处境中克服困难，抱有兴趣，并会产生强烈的反响。这是因为亲身经历的话题，是自己最熟悉的，印象最深刻的，把使自己都会激动不已的生活片断作为话题，听众也会倍感亲切和激动。

演讲的目的

演讲的目的是演讲者追求达到的那个方向，追求达到的那个结果。如果目的不明确，追求的方向、结果就难以实现，这样的演讲也就毫无意义。

所以，写演讲稿必须明确目的，以避免演讲的随意性，从而使演讲发挥它的社会功能。演讲的目的是：说服听众改变行为；传播知识或信息；激起听众的共鸣和使其理解；让听众感到愉快；了解听众的心理。

听众是演讲活动中不可缺少的有机组成部分，没有听众就无所谓演讲。听众在整个演讲活动中是活跃的、积极因素，不能把听众视为被动的信息接受者。听众在接受信息时要对演讲者传达的信息进行过滤、筛选。在选择中有所取舍，有所改变，然后形成新的信息。任何听众对演讲者传递的信息，都不会是全盘接受，总是有所取、有所不取，甚至持有异议。

演讲的内容

演讲者的演讲内容要考虑听众的需要，了解、研究听众的心理，使演讲的内容与听众接近和相容。听众在听演讲时，他们的心理活动表现在如下几个方面：

1、希望提供解决疑难问题的知识、态度和方法

听众听演讲的目的，在于满足与自己息息相关的知识、信息的需要。对于生活、工作、学习中的问题，希望能在听演讲中得到解答。演讲者就要把听众最关心的事情写进演讲稿。

2、希望能有感情上的共鸣和相互理解

听众对演讲者所阐述的观点、结论，希望能与自己的某些看法或结论，得到首肯或印证。演讲者在演讲时，就要对听众从各自的立场对演讲的反应做出诚恳的评价，肯定听众的想法，赞扬他们提出不同

的意见，摸清与听众的共同点，来进行思想感情上的交流。不能轻易地用"不"来否定听众的看法。这样就能产生情感上的共鸣和相互理解。

3、听众希望自身受到尊重

良好的沟通是彼此互相尊重。听众希望演讲者尊重自己。如果受不到尊重就会产生反感。为此，演讲者要平等待人，不要自以为是，要以诚待人，谦虚谨慎。

演讲者在准备写演讲稿时，能掌握听众的上述心理特点，就会收到预期的效果。

演讲稿的写作要求

1、了解对象，有的放矢

演讲稿是讲给人听的，因此，写演讲稿首先要了解听众对象：了解他们的思想状况、文化程度、职业状况如何；了解他们所关心和迫切需要解决的问题是什么，等等。否则，不看对象，演讲稿写得再花功夫，说得再天花乱坠，听众也会感到索然无味，无动于衷，也就达不到宣传、鼓动、教育和欣赏的目的。

2、观点鲜明，感情真挚

演讲稿观点鲜明，显示着演讲者对一种理性认识的肯定，显示着演讲者对客观事物见解的透彻程度，能给人以可信性和可靠感。演讲稿观点不鲜明，就缺乏说服力，就失去了演讲的作用。

演讲稿还要有真挚的感情，才能打动人、感染人，有鼓动性。因此，它要求在表达上注意感情色彩，把说理和抒情结合起来。既有冷静的分析，又有热情的鼓动；既有所怒，又有所喜；既有所憎，又有所爱。当然这种深厚动人的感情不应是"挤"出来的，而要发自肺腑，就像泉水喷涌而出。

3、行文变化，富有波澜

构成演讲稿波澜的要素很多，有内容，有安排，也有听众的心理特征和认识事物的规律。

如果能掌握听众的心理特征和认识事物的规律，恰当地选择材料，安排材料，也能使演讲在听众心里激起波澜。换句话说，演讲稿要写得有波澜，主要不是靠声调的高低，而是靠内容的有起有伏，有张有弛，有强调，有反复，有比较，有照应。

4、语言流畅，深刻风趣

要把演讲者在头脑里构思的一切都写出来或说出来，让人们看得见，听得到，就必须借助语言这个交流思想的工具。因此，语言运用得好还是差，对写作演讲稿影响极大。要提高演讲稿的质量，不能不在语言的运用上下一番功夫。写作演讲稿在语言运用上应注意以下五个问题：

（1）要口语化。"上口""入耳"，这是对演讲语言的基本要求，也就是说演讲的语言要口语化。演讲，说出来的是一连串声音，听众听到的也是一连串声音。听众能否听懂，要看演讲者能否说得好，更要看演讲稿是否写得好。如果演讲稿不"上口"，那么演讲的内容再好，也不能使听众"入耳"，完全听懂。

如在一次公安部门的演讲会上，一个公安战士讲到他在执行公务中被歹徒打瞎了一只眼睛，歹徒说这下子他成了"独眼龙"，可是这位战士伤愈之后又重返第一线工作了。讲到这里，他拍了一下讲台，大声说："我'独眼龙'又回来了！"会场里的听众立即报以热烈的掌声。

演讲稿的"口语"，不是日常的口头语言的复制，而是经过加工提炼的口头语言，要逻辑严密、语句通顺。由于演讲稿的语言是作者写出来的，受书面语言的束缚较大，因此，就要冲破这种束缚，使演讲稿的语言口语化。

　　为了做到这一点，写作演讲稿时，应把长句改成短句，把倒装句必成正装句，把单音词换成双音词，把听不明白的文言词语、成语改换或删去。演讲稿写完后，要念一念，听一听，看看是不是"上口""入耳"，如果不那么"上口""入耳"，就需要进一步修改。

　　（2）要通俗易懂。演讲要让听众听懂。如果使用的语言讲出来谁也听不懂，那么这篇演讲稿就失去了听众，因而也就失去了演讲的作用、意义和价值。为此，演讲稿的语言要力求做到通俗易懂。

　　（3）要生动感人。好的演讲稿，语言一定要生动。如果只是思想内容好，而语言干巴巴，那就算不上是一篇好的演讲稿。广为流传的恩格斯、列宁、斯大林的演讲、毛泽东的演讲、鲁迅的演讲、闻一多的演讲，都是既有丰富深刻的思想内容，又有生动感人的语言。语言大师老舍说得好："我们的最好的思想、最深厚的感情，只能被最美妙的语言表达出来。若是表达不出，谁能知道那思想与感情怎样好呢？"

由此可见，要写好演讲稿，只有语言的明白、通俗还不够，还要力求语言生动感人。怎样使语言生动感人呢？

一是用形象化的语言，运用比喻、比拟、夸张等手法增强语言的形象色彩，把抽象化为具体，深奥讲得浅显，枯燥变成有趣。

二是运用幽默、风趣的语言，增强演讲稿的表现力。这样，既能深化主题，又能使演讲的气氛轻松和谐；既可调整演讲的节奏，又可使听众消除疲劳。

三是发挥语言音乐性的特点，注意声调的和谐和节奏的变化。

（4）要准确朴素。准确，是指演讲稿使用的语言能够确切地表现讲述的对象—事物和道理，揭示它们的本质及其相互关系。

作者要做到这一点，首先，要对表达的对象熟悉了解，认识必须对头；其次，要做到概念明确，判断恰当，用词贴切。其次，句子组织结构合理朴素，是指用普普通通的语言，明晰、通畅地表达演讲的思想内容，而不刻意在形式上追求词藻的华丽。如果过分地追求文辞的华美，就会弄巧成拙，失去朴素美的感染力。

（5）要控制篇幅。演讲稿不宜过长，要适当控制时间。德国著名的演讲学家海茵兹·雷·德曼在《演讲内容的要素》一文中指出："在一次演讲中不要期望得到太多。宁可只有一个给人印象深刻的思想，也不要50个让人前听后忘的思想。宁可牢牢地敲进一根钉子，也不要松松地按上几十个一拨即出的图钉。"所以，演讲稿不在乎长，而在乎精。

5、认真修改，精益求精

从事任何文体的写作都要重视修改、认真修改、精心修改。写作演讲稿自然不能例外，如林肯在接到要他作上述演讲之后，在指挥战争、掌权国事的情况下，亲自起草演讲稿，并把演讲稿念给白宫的佣人听。直到演讲的前一天晚上，他还在旅馆的小房间里再次推敲、修

改这篇演讲稿。

再如，1883年3月14日，马克思与世长辞。恩格斯作了《在马克思墓前的讲话》的著名演讲，演讲草稿是这样开头的：

就在16个月以前，我们中间大部分人曾聚集在这座坟墓周围，当时，这里将是一位高贵的崇高的妇女最后安息的地方。今天，我们又要掘开这座坟墓，把她的丈夫的遗体放在里边。

作者考虑后进行了修改，写成：

3月14日下午两点3刻，当代最伟大的思想家停止了思想。让他一个人留在房里总共不过两分钟，等我们再进去的时候，便发现他在安乐椅上安静地睡着了—但已经是永远地睡着了。

两者比较，后者入题较快，演讲一开始就抒发了对逝者的无限敬爱和万分惋惜的心情，使现场的人们也沉浸在对马克思的缅怀与崇敬之中。正是这种认真的态度和精心的修改，才为他的每次演讲的成功提供了有力的保证。

演讲稿的结构

从内部结构来说，演讲需要形成或创造现场的情绪氛围，所讲的内容应该较为集中，通常一篇演讲稿最多只能讲两三个问题，而且这两三个问题还得很紧密地在逻辑上串连起来，以层层推演的方式，一环扣一环地展开。演讲稿的结构分开头、主体、结尾3个部分，其结构原则与一般文章的结构原则大致一样。但是，由于演讲是具有时间性和空间性的活动，因而演讲稿的结构还具有其自身的特点，尤其是它的开头和结尾有特殊的要求。

1、标题

多为主题句。

2、称谓

各位老师、同学们……

3、开场白

类型：开门见山，提出问题；采用设问式；还有借题发挥，或者表示感情等。

4、结束语

（1）强调主题、或抒发感情、或展望未来；

（2）表示态度；

（3）表示感谢。

演讲稿写作方法

1、开场白要抓住听众，引人入胜

演讲稿的开头，也叫开场白。它在演讲稿的结构中处于显要的地位，具有重要的作用。瑞士作家温克勒说："开场白有二项任务：一是建立说者与听者的同感；二是如字义所释，打开场面，引入正题。"好的演讲稿，一开头就应该用最简洁的语言、最短的时间，把听众的注意力和兴奋点吸引过来，这样，

才能达到出奇制胜的效果。

（1）开场白的技术主要有：

①楔子。用几句诚恳的话同听众建立个人间的关系，获得听众的好感和信任；

②衔接。直接地反映出一种形势，或是将要论及的问题，常用某一件小事、一个比喻、个人经历、轶事传闻、出人意外的提问，将主要演讲内容衔接起来；

③激发。可以提出一些激发听众思维的问题，把听众的注意力集中到演讲中来；

④触题。一开始就告诉听众自己将要讲些什么。世界上许多著名的政治家、作家和国家领导人的演讲都是这样的。

（2）演讲稿的开头方法

①开门见山，提示主题。这种开头是一开讲，就进入正题，直接提示演讲的中心。如宋庆龄《在接受加拿大维多利亚大学荣誉法学博士学位仪式上的讲话》的开头："我为接受加拿大维多利亚大学荣誉法学博士学位感到荣幸。"运用这种方法，必须先明晰地把握演讲的中心，把要向听众提示的论点摆出来，使听众一听就知道讲的中心是什么，注意力马上集中起来。

②介绍情况，说明根由。这种开头可以迅速缩短与听众的距离，使听众急于了解下文。如恩格斯在1881年12月5日发表的《在燕妮·马克思墓前的讲话》的开头：

我们现在安葬的这位品德崇高的女性，在1814年生于萨尔茨维德尔。她的父亲冯·威斯特华伦男爵在特利尔城时和马克思一家很亲近；两家人的孩子在一块长大。当马克思进大学的时候，他和自己未来的妻子已经知道他们的生命将永远地连接在一起了。

这个开头对发生的事情、人物对象作出必要的介绍和说明，为进一步向听众提示论题作了铺垫。

③提出问题，引起关注。这种方法是根据听众的特点和演讲的内容，提出一些激发听众思考的问题，以引起听众的注意。如弗雷德里克·道格拉斯1854年7月4日在美国纽约州罗彻斯特市举行的国庆大会上发表的《谴责奴隶制的演说》，一开讲就能引发听众的积极思考，把人们带到一个愤怒而深沉的情境中去：

公民们，请恕我问一问，今天为什么邀我在这儿发言？我，或者我所代表的奴隶们，同你们的国庆节有什么相干？《独立宣言》中阐明的政治自由和生来平等的原则难道也普降到我们的头上？因而要我来向国家的祭坛奉献上我们卑微的贡品，承认我们得到，并为你们的独立带给我们的恩典而表达虔诚的谢意么？

2、主体要环环相扣，层层深入

这是演讲稿的主要部分。在行文的过程中，要处理好层次、节奏和衔接等几个问题。

（1）层次。层次是演讲稿思想内容的表现次序，它体现着演讲者思路展开的步骤，也反映了演讲者对客观事物的认识过程。

怎样才能使演讲稿结构的层次清晰明了呢？根据听众以听觉把握层次的特点，显示演讲稿结构层次的基本方法就是演讲者在演讲中反复设问，并根据设问来阐述自己的观点，就能在结构上环环相扣，层层深入。此外，演讲稿用过渡句，或用"首先""其次""然后"等

语词来区别层次，也是使层次清晰的有效方法。

（2）节奏。节奏是指演讲内容在结构安排上表现出的张弛起伏。演讲稿结构的节奏，主要是通过演讲内容的变换来实现的。演讲内容的变换，是在一个主题思想所统领的内容中，适当地插入幽默、诗文、轶事等内容，以便听众的注意力既保持高度集中而又不因为高度集中而产生兴奋性抑制。插入的内容应该为实现演讲意图服务，而节奏的频率也应该根据听众的心理特征来确定。

（3）衔接。衔接是指把演讲中的各个内容层次联结起来，使之具有浑然一体的整体感。由于演讲的节奏需要适时地变换演讲内容，因而也就容易使演讲稿的结构显得零散。

衔接是对结构松紧、疏密的一种弥补，它使各个内容层次的变换更为巧妙和自然，使演讲稿富于整体感，有助于演讲主题的深入人心。演讲稿结构衔接的方法主要是运用同两段内容、两个层次有联系的过渡段或过渡句。

3、结束语要简洁有力，余音绕梁

结束语是演讲内容的自然收束。言简意赅、余音绕梁的结尾能够使听众精神振奋，并促使听众不断地思考和回味；而松散疲沓、枯燥无味的结尾则只能使听众感到厌倦，并随着事过境迁而被遗忘。怎样才能给听众留下深刻的印象呢？美国作家约翰·沃尔夫说："演讲最好在听众兴趣到高潮时果断收束，未尽时嘎然而止。"演讲稿的结尾没有固定的格式，或对演讲全文要点进行简明扼要的小结，或以号召性、鼓动性的话收束，或以诗文名言以及幽默俏皮的话结尾。但一般原则是要给听众留下深刻的印象。

幽默演讲的方法

善用幽默打动听众

幽默是实现人际顺利沟通的润滑剂。演讲者通过"演"和"讲"与台下的听众进行交流，适当的幽默往往会起到锦上添花的作用。

深受人民爱戴的林肯总统的容貌很难看，这是讨人喜欢的一个障碍。他认识到这一点，但并没有回避它，反而利用它拉近了与人们的距离。一次，他的辩敌说他是两面派。林肯平和地说："现在，让听众来评评看，要是我有另一副面孔的话，您认为我会戴这副难看的面孔吗！"幽默，显示了林肯对自己的达观态度，体现了他的真诚，赢得了人们的理解与尊重。

1、幽默是人际沟通的润滑剂

幽默能使激化的矛盾变得缓和，能使人从尴尬的局面中解脱出来。

一位女青年本想在自己的订婚宴会上给未婚夫和亲友留下一个好印象，但由于心情紧张，碰倒了灯架，灯架又碰倒了小桌，她也跌跌撞撞地摔倒在小桌旁，弄了个四脚朝天，臊了个大红脸。站在一旁的未婚夫见她未受伤，便插了一句俏皮话："亲爱的，没关系，原来你也会玩多米诺骨牌！"前来祝贺的亲朋好友都笑了起来。

本来这是一件令未婚夫很尴尬的事情，在这时如果置之不理或埋怨都会令人不快，不光是前来贺喜的亲朋好友，也包括这位女青年。

而未婚夫的一句幽默之言，不仅缓和了使人难堪的场面，而且给未婚妻留下了一个有幽默感的好印象。演讲者凭借幽默的力量，打碎自己的外壳，主动地与听众沟通，触摸一颗颗隔膜的心，通过幽默，人们往往能感受到你的坦白、诚恳与善意。

演讲时，如果过于严肃，往往给人一种戴着假面具的感觉，也似乎只能让人了解你的外表，却无法探知你的内心，这样的交流是极难深入下去的。因而没有心灵沟通的演讲，不能算成功的演讲。幽默能够让人们看到你的另一面，本真的、人性的、纯朴的一面。

有一次，英国首相、陆军总司令丘吉尔去一个部队视察。天刚下过雨，他在临时搭起的台子上演讲完毕下台阶的时候，由于路滑不小心摔了一个跟头。

士兵们从未见过自己的总司令摔过跟头，都哈哈大笑起来，陪同的军官惊慌失措，不知如何是好。丘吉尔微微一笑说："这比刚才的一番演说更能鼓舞士兵的斗志"。效果的确如丘吉尔所戏言的，士兵们对总司令的亲切感、认同感油然而升，必定会更坚定地听从总司令的命令，去英勇作战。这便是幽默的极大魅力。

2、幽默也是一种能力

演讲时，幽默口才就如同金子一样在闪闪发光。那幽默话语是怎样形成？它的产生靠哪些条件呢？

（1）要有高尚的情趣和乐观的信念。一位伟人曾说过："幽默是表明人们对自己事业具有信心，并且表明自己占着优势的标志。"幽默的谈吐是建立在说话者思想健康、情趣高尚的基础上的。它对人提出善意的批评和规劝，它必须要求批评者有较高的思想境界和较高的涵养性。

（2）要有较高的观察力和想象力。幽默的谈吐具有反应迅速的特点，这就要求说话者思维敏捷、能言善辩，而这些又来自于对生活的深刻体验和对事物的认真观察。只有具备敏锐的观察力和丰富的想象力，才能使你的演讲更富幽默。

（3）要有较高的文化素养和语言表达能力。幽默的谈吐是人的聪明才智的标志，它要求有较高的文化素养和较强的驾驭语言的能力。一个人语言修养高、文化知识丰富，对各种各样的事情都有所了解和掌握，再加上词汇丰富，语言表达方式灵活、多样，这样他平时讲起话来就会得心应口，自然就容易活泼、生动、有趣。

幽默的魅力神奇无比，世界上没有哪一个人不喜欢风趣幽默的语言。对演讲者来说，它更是必不可少的致胜法宝。

记住，幽默只是手段，并不是目的，只有运用得好，才会令你的演讲熠熠生辉，征服台下所有的听众。

演讲互动话术

掌声和鲜花是我们在舞台上最好的享受！一方面，我们要学会给别人掌声。当我们演讲时，给予别人的掌声就是给予自己的掌声。另一方面，我们要学会要掌声。

很多同学上台演讲时，声音很动听，表情很丰富，内容很精彩，表达很流畅，就是没有气氛，因为不会要掌声！要掌声，就要放下自己；要掌声就要敢于自我解嘲；要掌声就要敢于"赤裸裸"地说出来。

下面是50句在台上互动，赢得掌声的有效话术，各位朋友可以细心揣摩，灵活运用，一定能够让你的演讲达到高潮迭起！

朋友，当别人身处困境时，请给他温暖的掌声；当别人表现非凡时，请给他喝彩的掌声；当自己收获成功时，请珍惜那阵阵掌声。

昨天已经过去，明天还未到来，我们要好好把握今天，为今天喝彩，为今天鼓掌，对吗？

让我们用掌声来预祝明天的成功。

伸出你的金掌、银掌、铁掌、铜掌、锌掌，欢迎……闪亮登场！

要不要了解一下？想听吗？那就先来点掌声吧！

给这个伟大、精彩的时刻，掌声鼓励一下！

让我们用热烈的掌声来迎接今天！下面的课程（演讲、分享）……！

大胆鼓掌，为别人，也为自己！更为丰富多彩的人生和美好的生活！

父母把我们生下来，我们才有机会在这里相聚，为我们伟大的父母亲掌声鼓励一下！（在演讲当中，可以适当地就某人某事某物鼓掌。）

把掌声送给会务组织的每一个人，感谢他们给了我们一个这么好的学习机会。

把掌声送给前后左右的人，谢谢你们（即将）给我一个好的安静的学习环境。

在这里我们要感谢先烈，为国争光的人，有他们才有我们自豪的今天！

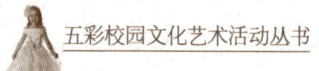

献给那些默默奉献的人，你们平凡但伟大，淡默但灿烂！

我们要不要为这个理论的提出者掌声感谢一下？！

别人在娱乐，而我们在学习，为我们自己的选择掌声鼓励一下！

今天我们讲学习的很多很好的方法、技巧，为自己即将有的进步掌声鼓励一下！

我可以，在座的各位你们都可以，觉得可以的给自己掌声鼓励一下！可以超过我的再鼓励一下！超过我10倍的，给自己一流棒的自信，热烈掌声鼓励一下！

猩猩在非常愉快的情况下会像人类一样，两只爪子使劲拍，而有时许多人鼓掌时却面无表情！

掌声即心声，相由心生！

生命中不缺美，而缺赞美的掌声，对吗？

每个人都像渴望阳光、空气、水一样渴望别人的爱，也同样渴望掌声。讲师也不列外。

有人说，没有掌声的演出很可怕的，谁受得了那死一般的寂静；没有掌声的人生是可悲的，谁愿意在压抑中生存，对吗？

这段时间讲课比较多，嗓子也有点问题，不知道今天能否坚持讲完，不过据说掌声是可以产生奇迹的。（这种方法带有即兴式的，可以举一反三灵活运用。）

今天感冒了，不过据说掌声能够治疗感冒，让我讲得更好！

其实讲师不像你们想象中的那样坚强，他们内心深处也是很脆弱的，也需要掌声来支撑！

我有个缺点，就是一听到掌声就比较兴奋，一兴奋就讲得比较好！

据说掌声越热烈我就越兴奋，越兴奋就讲得越好！

我有一个缺点，就是一碰到优秀的人就紧张，一紧张就慌张，我相信如果能有点掌声，我会克服紧张的！

我有个缺点，就是人一多就脸红，一脸红就紧张，一紧张就讲不好，听说掌声可以消除紧张！

谢谢你们稀稀拉拉的掌声！

在我刚学演讲的时候，我老师告诉我一个很棒的观点，千万别辜负鼓掌的听众！

掌声能带给我们鼓励、自尊和爱，你的自尊和爱在哪里！？

只要有手就有掌声，声音存在于两手间，随时都可以发出！

想鼓掌就鼓掌吧，想大叫就大叫！

把内心的欢呼、兴奋、高兴……都用手表现出来吧！

各位，此时此刻我们状态好不好，怎么好的？

我从小就是一个缺乏爱与鼓励的人，所以不怎么自信，据说掌声可以让人产生自信，不知道各位能否帮我验证一下！

各位，你们快乐吗？快乐的声音在哪里？

给两毛钱的掌声！

掌声能代表群体的文明程度！

给点反应好吗？

给点有味道、带盐、带糖的掌声！

你们现在的掌声只够我讲注解！

据说掌声是自我肯定、自我暗示、自我确认的表现！

男生请鼓掌，女生请鼓掌！

让我感受一下当时的掌声好吗？

现在为别人鼓掌，待会人家才为我们鼓掌！

左边的朋友给右边的朋友，右边的给左边的掌声鼓励一下！

据说成功者从不吝啬掌声！

每种掌声都负有使命，或高兴或肯定或敬佩，所以鼓掌的人也是有使命的人！

舞台上需要掌声，生活中也需要掌声！让我们的掌声响起来！

演讲比赛的准备

演讲的准备

不要指望几分钟的演讲能起到翻天覆地的作用。用最自然的方式表述，听来要让人思考半天才能明白的词语别用，让人费解或可能使人误解的观点别说。

拿到演讲稿，一定要按比赛时的速率试两遍，确保不超时，千万别存侥幸。

对演讲稿尤其是对别人写的稿子要反复读，背下来只是最低要求，你必须对稿件中的每一个标点的由来都了然于胸。

尽可能地预先到演讲场地，熟悉环境设施。如有可能不妨到台上喊上几嗓子。

搞清楚是哪些评委、哪些听众。

预先演练好如何上下场。几步可以到话筒，在哪儿鞠躬。

如果话筒高度不合适，主办方安排专人调整的比赛，应在上台前就示意工作人员调整，如无专门人员调整，自己应知道如何调整，不可胡乱吹吹打打。

如果可以看讲稿的比赛，最好不带讲稿。一定要带，记住讲稿最好是单面打印。

练习用正常语调、最大的音量清楚地完成演讲。

别指望到时变腔变调、装猫变狗吸引人。

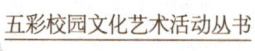
场前准备

举止务求自然。

愉快地接受领队教练或亲朋的鼓励。

比赛前一夜睡个好觉。

向尽可能多的听众问候，包括老朋友，也包括新面孔，对你在赛前看到的每一个人微笑，比赛时他们会还给你最宝贵的鼓励。

要像准备对全世界演讲一样准备你的演讲。

当你的名字被叫到时，慢慢地站起来，以正常的步幅走向演讲台。

想象一下你的恋人或你心仪已久的人就坐在台下。想想你的朋友正向你欢呼、想想你曾有的成功。

揽镜自顾，"画眉深浅入时无"，但这里的"时"应是演讲比赛的标准。

不要穿戴任何花里胡哨的服饰。花边类的服饰等会转移大家对演讲的注意力。

把服装里的东西掏空。尤其是可能发出声响的手机或可能露出来的讲稿，等等。

别试着预先准备手势。

放松面部肌肉，让脸上的微笑来自内心。

别让头发垂到脸上；你必须给人清爽利落的印象。

临演说前可以含薄荷味或咖啡质的口香糖，但上台前3分钟必须吐掉，清空你的嘴巴。

可以做一些深呼吸。

自我伸展，并想象你比实际要高，正在天空翱翔，俯视着大地的芸芸众生。

如果你的演讲被安排在午后，中午睡上一觉，会给你的精神加分不少。

场内正比赛，就不要还在会场外的走廊或卫生间里背稿子。

要尽可能的多听先讲的人演讲。

试着以端坐不动的姿势放松10分钟。

比赛之中

相信你是在作最一流的演讲。你就是大家期待的一等奖的得主。

笑得自然。

鞠躬致意—站到话筒前—深呼吸—放松—微笑—开始，把烂熟于心的讲稿讲出来。

用目光和观众说话，先从那个你感到最亲近的人开始，用目光告诉他，你感谢他的关注，然后，把所有的听众都当成你的大哥大姐。

不要忘了用你的目光和表情让评委们感觉他很重要。

可以用长停顿，但以不让人误解为忘词为界。

对场内听众的噪音点可用目光恳求他们停止，如果无效，抬起你的目光，不去管他，继续你的演讲。

最后的那句"我的演讲结束了"或"谢谢"，万不可说得随意，草草收场。它是你演讲中重要的台词。

高贵地离开讲台。

NO5.校园朗诵活动学习指导

朗诵的类型和特点

　　朗诵就是把文字作品转化为有声语言的创作活动。朗，即声音的清晰、响亮；诵，即背诵。朗诵，就是用清晰、响亮的声音，结合各种语言手段来完善地表达作品思想感情的一种语言艺术。

　　朗诵是口语交际的一种重要形式。朗诵不仅可以提高阅读能力，增强艺术鉴赏，更为重要的是，通过朗诵，大则可以陶冶性情，开阔胸怀，文明言行，增强理解；小则可以有效地培养对语言词汇细致入微的体味能力，以及确立口语表述最佳形式的自我鉴别能力。

因此，要想成为口语表述与交际的高手，就不能漠视朗诵。

朗诵的类型

1、范读法

范读法就是示范性的朗读，方式有两种。一种是教师读给儿童听，然后由儿童仿读。一种是由朗读得特别好的同学进行范读。

范读可以读全文，也可以读一段或一句。主要是给学生示范，所以必须做到正确、清楚，流利而带有感情。

2、齐读法

是全班或全组儿童，同时齐声朗读。因为只求齐声调，因此往往容易变成唱读。同时，因为齐读不容易发现儿童读音的错误，因此这种方式要尽量少用。

3、伴读法

伴读法就是教师或优等生伴着儿童读，儿童可隐隐约约听出自己的毛病而有所改进。

4、轮读法

轮读法就是每个儿童轮流读，这种读法有比赛的性质。低年级的课文短，可以一个小朋友读完全文后，再请另一个读。

5、接读法

接读法就是一篇课文分由几个儿童接着读的方式。教师可指名一个儿童读，读到中途没有到一段落，再指另一个儿童接着读下去。这种读法可随时唤起儿童的注意力，同时充满趣味性。

6、领读法

领读法是由教师或朗读得特别好的学生，带领朗读的方式。教师或优等生先读一句，或先读一小段，儿童跟着读一句或一小段。如此继续进行，直到全文读完为止。

7、交互读

交互读就是甲组读第一句，乙组读第二句，甲组再读第三句，乙组再读第四句，依次轮流，周而复始。

8、分组读

分组读就是分组、分行或分排读，并互相矫正错误。

9、自由读

全班同学每人同时自由地低声朗读。由于不必与别人配合，因此速度不拘，可边读边思考。

10、指名读

由教师指名一个儿童来读，读完了一段或两段以后，另请一个同学接读。

11、表情读

课本如为韵文，可让儿童依字句的长短，音乐的节奏，用姿势、动作、表情的方法朗读。

12、抽签读

在全体儿童的名签中，谁被抽中，就由谁站起来朗读。

13、对话读

儿童剧要用对话读，也就是分角色读，此方式较活泼而有助理解。

14、高低音读

甲儿童高音朗读，乙儿童低音相和。这是一种靠声音高低产生变化的方式，儿童可在兴味盎然中变化音调朗读，感觉新鲜而有趣。

朗诵的特点

1、朗读是一种"说"的形式

朗读将语言文字符号转化为有声语言形式的一种活动，属于"说话"的范畴。它要求朗读者将文字符号通过发音器官"说"出来，因此是一种语言输出形式。

2、朗读是一种"读"的形式

朗读是一种语言的输入形式。因为朗读者只有通过视觉"看"到文字，并将之转化为相应的语言形式才能进行朗读。

朗读中除了眼、脑以外，还有发声器官的参与。从读的目的来看，朗读除了要获取信息，有时还是为了传递信息。

3、朗读是一种"听"的形式

朗读者在朗读的时候，将无声的文字符号变成了有声的语言，在这一连续的过程中，朗读者本身无论是有意的，还是无意的，都会听到自己发出的语言信息。

我们可以看出，朗读是一种多感官并用的语言输入和输出形式。因为朗读需要用眼看文字符号，因此是一种语言的输入形式；朗读又需要用"嘴"来说，因此又是一种有声的语言输出形式，又因为朗读是一种有声的语言输出形式，朗读者本身又会"听"到自己所发出的语言信息，所以朗读还是一种语音输入形式。

"看"和"听"表明朗读是一种语言输入形式，而"说"又表明朗读是一种语言输出形式。

总的来说，朗读是一种语言信息处理和转换的过程。它对视觉感知的语言信息加以理解和加工，再将信息内容转换为口语语言表达出来。

这样人的言语观察、言语听觉和言语动觉，就是说，都能得到锻炼。

朗诵、朗读、演戏三者的区别

朗诵不同于朗读，也不同于演戏

朗诵不同于朗读，朗读是用清晰、响亮的声音把文章读出来，以传达文章的思想内容。朗诵则是用清晰、响亮的声音把文章背出来，以传达文章的思想内容。

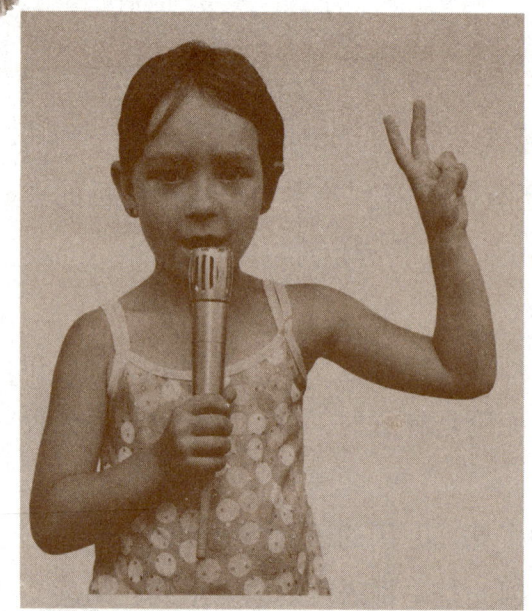

可见，朗诵的要求比朗读要高，它要求不看作品，面对观众，除运用声音外，还要借助眼神、手势等体态语，帮助表达作品感情，引起听众共鸣。

朗诵常常伴随有手势、姿态等体态语，但朗诵时的姿态或手势不能过多、过火，毕竟，朗诵不同于演戏。

演戏时，演员不直接和观众交流，他扮演剧中人物，模仿剧中人物的语言、动作，他只和同台的演员进行交流；而朗诵者直接交流的对象是听众，他主要是通过声音把感情传达给听众，引起听众共鸣，手势、姿态等只不过是帮助表达感情的辅助性工具，不宜过多、过火。

朗诵前的准备

朗诵是朗诵者的一种再创作活动。这种再创作，不是脱离朗诵的材料去另行一套，也不是照字读音的简单活动，而是要求朗诵者通过原作的字句，用有声语言传达出原作的主要精神和艺术美感。不仅要让听众领会朗诵的内容，而且要使其在感情上受到感染。为了达到这个目的，朗诵者在朗诵前就必须做好一系列的准备工作。

1、选择朗诵材料

朗诵是一种传情的艺术。朗诵者要很好地传情，引起听众共鸣，首先要注意材料的选择。选择材料时，首先要注意选择那些语言具有形象性，而且适于上口的文章，因为形象感受是朗诵中一个很重要的环节。干瘪枯燥的书面语言对于具有很强感受能力的朗诵者也构不成丰富的形象感受；其次，要根据朗诵的场合和听众的需要，以及朗诵者自己的爱好和实际水平，在众多作品中，选出合适的作品。

2、把握作品的内容

准确地把握作品内容，透彻地理解其内在含义，是作品朗诵重要的前提和基础。固然，朗诵中各种艺术手段的运用十分重要，但是，如果离开了准确透彻地把握内容这个前提，那么，艺术技巧成了无源之水、无本之木，成了一种纯粹的形式主义，也就无法做到传情，无法让听众动情了。要准确透彻地把握作品内容，应注意以下几点：

（1）正确、深入地理解。朗诵者要把作品的思想感情准确地表现出来，需要透过字里行间，理解作品的内在含义，首先要清除障碍，搞清楚文中生字、生词、成语典故、语句等的含义，不要囫囵吞枣。望文生义。其次，要把握作品创作的背景、作品的主题和情感的基调，这样才会准确地理解作品，才不会把作品念得支离破碎，甚至歪曲原作的思想内容。

以高尔基的《海燕》为例，扫除文字障碍后，就要对作品进行综合分析。这篇作品以象征手法，通过暴风雨来临之前、暴风雨逼近和即将来临三个画面的描绘，塑造了一只不怕电闪雷鸣，敢于搏风击浪，勇于呼风唤雨的海燕这一"胜利的预言家"的形象。而这部作品诞生之后立即不胫而走，被广大工人和革命群众在革命小组活动时朗诵，被视作传播革命信息、坚定革命理想的战歌。

综合分析之后，朗诵时就不难把握其主题是满怀激情地呼唤革命高潮的到来。进而，我们又不难把握这部作品的基调应是对革命高潮的向往、企盼。

（2）深刻、细致的感受。有的朗诵，听起来也有着抑扬顿挫的语调，可就是打动不了听众。如果不是作品本身有缺陷，那就是朗诵者对作品的感受还太浅薄，没有真正走进作品，而是在那里"挤"情、"造"情。

听众是敏锐的，他们不会被虚情所动，朗诵者要唤起听众的感情，使听众与自己同喜、同悲、同呼吸，必须仔细体味作品，进入角色，进入情境。

（3）丰富、逼真的想象。在理解感受作品的同时，往往伴随着丰富的想象，这样才能使作品的内容在自己的心中、眼前活动起来，就好像亲眼看到、亲身经历一样。

以陈然的《我的自白书》为例，在对作品进行综合分析的同时，可以设想自己就是重庆《挺进报》的党支书记陈然，当时正处在这样的情境中：我被国民党逮捕，在狱中饱受折磨，但信仰毫不动摇，最后，敌人把一张白纸放在我面前，让我写自白书，我满怀对敌人的愤恨和藐视，满怀革命必胜的坚定信念，自豪地写下了"怒斥敌酋"式的《我的自白书》。

这样通过深入的理解，真挚的感受和丰富的想象，使己动情，从而也使人动情。

（4）用普通话语音朗诵。要使自己的朗诵优美动听，必须使用标准的普通话进行朗诵，因为朗诵作品一般都是运用现代汉语写成的，所以，只有用普通话语音朗诵，才能更好地更准确地表达作品的思想内容。同时，普通话是汉民族共同语，用普通话朗诵，便于不同方言区的人理解、接受。因而，在朗诵之前，首先要咬准字音，掌握语流音变等普通话知识。

朗诵的声音技巧

"声音美"的基本标准

1、正确清晰

所谓正确，是指发音正确。一方面，不可读别字；另一方面，不能用"直译"方式，将方言变成蹩脚的普通话。

所谓清晰，是指吐字要清楚明晰，不含含糊糊，有正确的停顿和适当的节奏，不要前言不对后语，或者结结巴巴，使人听不明或弄不懂。

2、明快清脆

这既是指说话要开门见山，口到心到，心口一致，不故弄玄虚，快言快语，有什么说什么，又是指声音要干脆利索，爽利痛快，不拖泥带水。

3、圆浑清亮

如果说"正确清晰"是要求声音表达科学化的话，那么，"圆浑清亮"则是要求声音表达艺术化。其内涵主要指声音流畅自然、圆浑雄厚、悦耳动听、有滋有味。

4、富丽清新

这是指声音既要富于变化、丰富多彩，又要清爽新鲜、生动活泼。

5、坚韧清越

坚韧，是指声音坚实、耐久、有力、有始有终。

清越，是指声音宛转悠扬，给人留下深刻的甚至是难以磨灭的印象。

达到"声音美"的主要技巧

1、规范语音的技巧

（1）音节读准。简单来说，就是按照普通话的标准和规范来吐字发音。使发音正确、声调准确、字正腔圆。也就是说，按普通话的构成要求把汉字音节的声母、韵母、声调念准，进而读准每个常用的音节。常用的汉字不过4000个左右，它们都离不开418个音节和阴平、阳平、上声、去声4个声调。因此，只要下苦功夫，读准声母、韵母和声调，从而读准全部音节都是不难做到的事情。

当然，读准每一个音节后，不等于语音就规范了，还要进一步训练保持自然清晰的读法，又在咬字上进行适当的加工，以便听众对你讲出的每一个字词都能听的真切。

（2）音节协调。适当多用一些双音节词，四音节词讲话或练习朗诵，可以增强语言的响度和节奏感，读起来朗朗上口，听起来比较优美悦耳。

运用拟声词、象声词也是使音节协调的一种办法。它既可以使被表述的事物形象生动，又可使声音和谐，达到声与形的有机统一，增添语言的表现力。

（3）韵调和谐。这里所说的"调"，是指声调。汉字一字一个音节，每字又有四声即平仄之分，如果声调搭配得好，就可出现高低抑扬、急缓起伏之情势。

平声字和仄声字交错使用，可以形成声音的抑扬相应，高低相配、急缓相间、起伏相连，从而使声音刚柔相济、协调和谐。

2、选择语气技巧

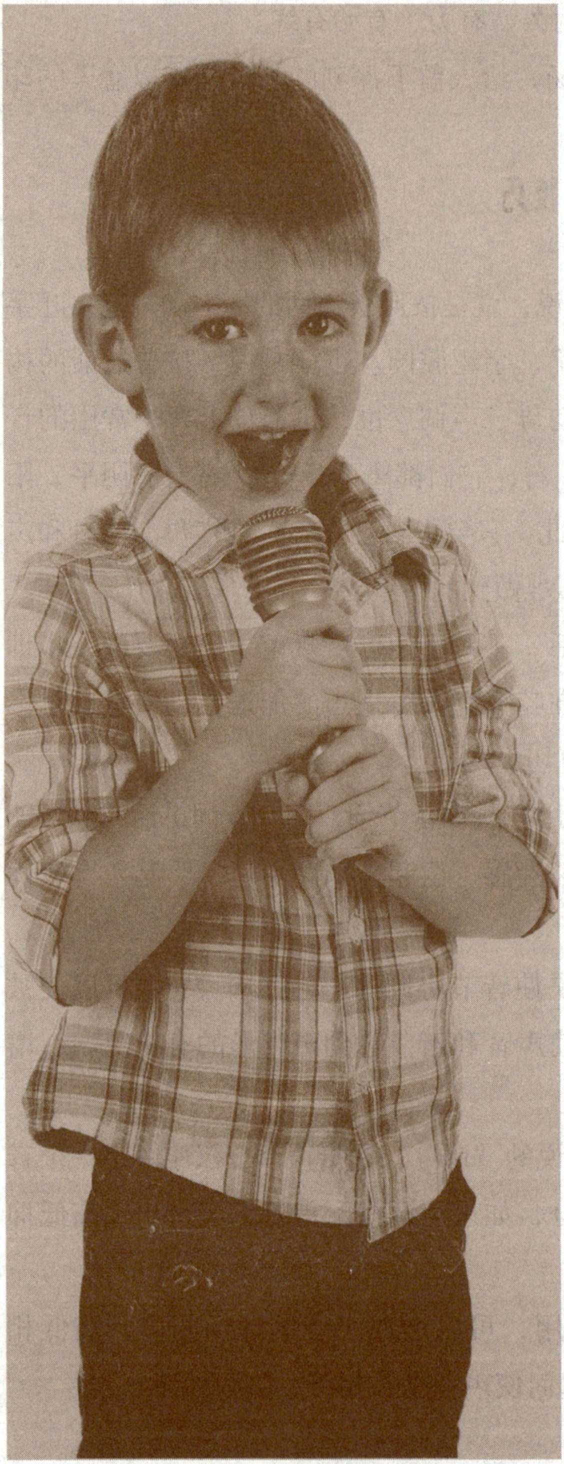

语气，即说话的口气。它既存在于书面语言之中，更存在于口头语言之中。在书面语言里，作者语气要通过读者的视觉引起思维才能感受、认识和体会。

而口语表达中的语气，将句式、语调、理性、词采、音色、立场、态度、个性、情感等融为一体，由朗诵者直接诉诸于听众的听觉，听众当即就可直观的感受到，因而，它对口语表达的效果产生直接的、立竿见影的影响。语气之强弱、长短、清浊、粗细、宽窄、卑亢等变化，均能产生不同的声音效果。

语气的内涵是多方面的，它具有多姿多彩的复杂形态。语气的多样性是语言本身丰富性的反映，也是语言能力强的一个表现。语气不同，表情达意也就有不同。其中尤其以声音和气息状态至为重要。朗诵者必须

通过声音和气息将思想感情表达出来，而不同的声音和气息表达不同的思想感情。请看下表：

气息	声音	给听众的感觉	表达的思想感情
气徐	声柔	温和的感觉	爱的感情
气促	声硬	挤压的感觉	憎的感情
气沉	声缓	迟滞的感觉	悲的感情
气满	声高	跳跃的感觉	喜的感情
气提	声凝	紧缩的感觉	惧的感情
气短	声促	紧迫的感觉	急的感情
气粗	声重	震动的感觉	怒的感情
气细	声粘	踌躇的感觉	疑的感情
气少	声平	沉着的感觉	稳的感情
气多	声撇	烦躁的感觉	焦的感情

在朗诵过程中，语气永远不会是单一的，常常出现几种语气交替出现或结伴而行的现象。不过，在综合运用多种语气的过程中，还是有主次之分的，主要的感情色彩造成主要的语气色彩，即语气的基调。

所以，无论是朗诵诗歌、散文、小说等，都要掌握这个基调。与此同时，又要适时根据内容、感情、对象等的变化，选择调控自己的语气，使之恰如其分。

总之，语气要服从内容，语气要看对象，语气要质朴自然，贴近生活。

3、调控速度的技巧

（1）朗诵的速度。是指朗诵中音节的发音时间长短，或者说单位时间里吐字的数量。大体分快速、中速、慢速三种情形。

①快速。一般用于表示紧张、激动、惊奇、恐惧、愤怒、急切、欢畅、兴奋的心情，或者用于叙述急剧变化的事物与惊险的场景，或者用于刻画人物的机警、活泼、热情的性格等。

②中速。一般用于感情与情节变化起伏不大的场合，或用于平常

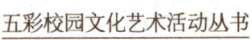

的叙事、议论、说明、陈述等。

③慢速。大多用于表示沉重、悲伤、忧郁、哀悼的心情，或用于叙述庄重的情景。

不论快速、中速、慢速，都有一个"度"。比如，快速，也不能像放鞭炮似的，使人耳不暇接；慢速，也不能慢慢腾腾，半天一句，使人听起来十分吃力，等得不耐烦。一句话，就是快慢要得体。

（2）朗诵速度因素。主要取决于以下因素：

①取决于内容和情节。从结构上来说，朗诵中一般既有快速，又有中速、慢速，有张有弛，起伏跌宕；从内容和情节来看，陈诉速度慢于抒情速度，抒情速度慢于议论速度；情调低沉的叙述、人物对话应该慢些；急切的呼吁、愤怒的谴责、热烈的争辩、激昂的陈述、紧张的场景描述应该快些。内容和情节本身的客观要求，是决定表达速度的最主要依据。

②取决于表达者的年龄。显然，朗诵同样的内容，少年儿童快于年青人，青年人快于中年人，中年人快于老年人。

③取决于听众的年龄和接受能力。一般来说，对于老年人和少年儿童或接受能力相对较低的听众，或听众普遍对某些内容感兴趣，不少人都想将其记录下来的时候，应该把表达的速度放慢些。

快与慢都是相对的。无论是快还是慢，都须以表述得清晰明了，听众听得真切明白为基本出发点，要做到快而不乱、慢而不拖、快中有慢、慢中有快、快慢相间。

4、变换节奏的技巧

节奏与速度有密切的联系，但又不是等同的。节奏不单是一个速度问题。节奏是一种有秩序的、有规律的、协调的变化进程。

在朗诵过程中，节奏包括哪些要素呢？大体有以下这些：结构的疏与密，内容的详与略，情节的起与伏，情感的激与缓，声调的抑与扬，音量的大与小，态势的动与静，速度的快与慢，语流的行与止，过程的长与短，等等。

这些要素的综合运用，便会形成节奏，形成有声语言的乐章，激荡听众的情感，启迪听众的思维，引发听众的共鸣，鼓舞听众，感召听众。

这些要素有的前面已经讲过了，这里着重介绍一下语流的行止技巧，亦即通常所说的朗诵中的停顿与连续的技巧。

最基本的行止知识，是标点知识。根据标点符号、段落等区分停顿间隙的长与短。但语流的行止，远不止这些。停顿，既可以用来换气，又可以用来表示意义的区分、转折、呼应，还可以传达引起听众注意的信息，相反，当表述某种连贯是情节、

景况，或当表达者感情奔放，如行云流水、不可遏制之时，则需要一气呵成，需要语句的连续不断。

普通话朗诵技巧

技巧之一：停顿

1、什么是停顿

停顿是指朗读过程中声音的断和连。我们在朗读时，既不能一字一停，断断续续地进行，也不能字字相连，一口气念到底，无论是朗读者还是听众，无论是生理要求，还是心理要求，朗读中的停顿都是必不可少的；它既是显示语法结构的需要，更是明晰表达语言、传达感情的需要。

2、停顿与标点符号的关系

（1）一致的关系。书面语中的标点符号有着不可忽视的作用，朗读的停顿必须服从标点符号，多数情况下，书面语中有点号的地方同朗读时的需要有停顿的地方是一致的。

点号有顿号、逗号、冒号、分号、句号、问号、感叹号。点号表示的停顿，可以分为四级。

一般地说，句号、问号、感叹号的停顿比分号长些；分号的停顿要比逗号长些；逗号的停顿比顿号长些；而冒号的停顿则有较大的伸缩性：它的停顿有时相当于句号，有时相当于分号，有时只相当于逗号。如：

正像达尔文发现有机界发展规律一样，马克思发现了人类历史发展规律，即历来为纷繁芜杂的意识形态所掩盖的一个简单事实：人们

首先必须吃、喝、住、穿，然后才能从事政治、科学、艺术、宗教，等等，所以，直接的物质生活资料的生产，在一个民族或一个时代的一定的经济阶段，便构成了基础，人们的国家制度、法的观点、艺术以至宗教观念，就是从这个基础发展起来的，因而也必须由这个基础来解释。而不是像过去那样做得相反。

（2）不一致关系。有时，书面语的标点同朗读中的停顿也常常有不一致的地方。

3、各种不同性质的停顿

（1）顺应语法的停顿。这类停顿可以依据标点来处理，有时也可以突破标点的限制。

（2）显示层次的停顿。文章的层次可以借助于朗读者的停顿得到显示。一般说来，文章中的节或段这样的大层次比较容易划分，而一节或一段文字，甚至一句话中，也往往有更小更细的层次，划分这些层次并用朗读中的停顿表现出来，就不是一件容易的事。

（3）体现呼应的停顿。文章中的呼应关系在朗读时主要通过停顿来体现的。全篇整体性的呼应较易把握，而文章中的局部的呼应关系，往往由于朗读者的忽略而造成呼应中断，或呼应模糊，因此影响了语意的表达。如：

在建设工作中，犯一些错误，有一些缺点，是难免的。
问题在/于对待缺点错误的态度。（吴晗《论谦虚》）
这小燕子，便是我们故乡的那/一对，两对么？（郑振铎《海燕》）

（4）指向强调的停顿。为了突出句中某些重要词语，引起听众的注意，加深听众的印象，可以在这些词语的前面或后面稍加停顿，这

便是强调性的停顿。如：

> 惨象，已使我目不忍视了；流言，尤使我耳不忍闻。
> 我还有什么话可说呢？我懂得衰亡民族之所以默无声息的缘
> 由了。沉默呵，沉默呵！不在沉默中／爆发，就在沉默中／灭
> 亡。（鲁迅《记念刘和珍君》）

朗读最后一句时，如果在"爆发"和"灭亡"的前面作一停顿，就可以使听众充分感受到这里发出了"不爆发即灭亡"的呼告及对读者投入斗争的召唤。再如：

> 有的人活着／他已经死了；／有的人死了／他还活着。

课堂练习：

> 那人一只大手，向他摊着，一只手却撮着一个鲜红的馒
> 头，那红的／还是一点一点的往下滴。（鲁迅《药》）
> 我与父亲不相见已二年余了，我最不能忘记的是他的／
> 背影。（朱自清《背影》）

（5）表达音节的停顿。朗读诗词时，必须用停顿来表达音节，以加强节奏感。如：

> 白发／三千丈，缘愁／似个长。不知／明镜里，何处／得秋
> 霜？（二三式）
> 竹外／桃花／三两枝，春江／水暖／鸭先知。蒌蒿／满地／芦

芽短，正是/河豚/欲上时。（二二三式）

北国/风光，千里/冰封，万里/雪飘。望/长城内外，惟余/莽莽；大河/上下，顿失/滔滔。山舞/银蛇，原驰/蜡像，欲与/天公/试比高。须/晴日，看/红装素裹，分外/妖娆。（毛泽东《沁园春·雪》）

我为/少男少女们/歌唱，我/歌唱/早晨，我/歌唱/希望，我/歌唱那些/属于未来的/事物，我/歌唱/正在生长的/力量。（何其芳《我为少男少女们歌唱》）

(6)区别语意的停顿。书面语中的某些歧义短语和句子，可以用朗读的停顿来揭示其不同的语法结构，从而表达不同的意义。如：

①改正 / 错误的意见（动宾短语）；改正错误的 / 意见（偏正短语）

②通知到了（补充短语）；通知 / 到了（主谓短语）

③我不相信他是坏人（他不是坏人）；我不相信 / 他是坏人（他是坏人）

他的老朋友公证人觉得，倘使查理葛朗台不回来，这个有钱的独养女稳是

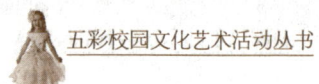

"嫁给"/他当所长的侄儿了。（巴尔扎克《守财奴》）

我看到儿子提着/爸爸从北京买来的礼物，高高兴兴地走进屋来。

(7)避免误读的停顿。朗读中，停顿还有一种区别意义的作用。

　　魂灵的有无，我不知道；然而在现世，则无聊生者/不生，即使厌见者/不见，为人为己，也还都不错。（鲁迅《祝福》）

技巧之二：语速
1、什么是语速
　　语速是指朗读时在一定的时间里，容纳一定数量的词语。世间一切事物的运动状态和一切人，在不同情境下的思想感情，总是有千差万别的。朗读各种文章时，要正确地表现各种不同的生活现象和人们各种不同的思想感情，就必须采取与之相适应的不同的朗读速度。如：

　　其间有一个十一二岁的少年，项带银圈，手捏一柄钢叉，向一匹猹尽力地刺去，那猹却将身一扭，反从他的胯下逃走了。
　　月亮底下，你听，啦啦地响了，猹在咬瓜了。你便捏了胡叉，轻轻地走去。（鲁迅《故乡》）

以上是两种不同的动态。这不同的动态在我们心里引起的感觉是不一样的。朗读时必须体现出前者"将身一扭，从他的胯下逃走了"

之快和后者"你便提捏了胡叉，轻轻地走去。"之慢。

2、决定语速不同的各种因素

（1）不同的场面。急剧变化发展的场面宜用快读；平静、严肃的场面宜用慢读。

海在我们的脚下沉吟着，诗人一般。那声音仿佛是朦胧的月光和玫瑰的晨雾一般。又像是情人的密语那样芳醇；低低地，轻轻地，像微风拂过琴弦；像落花飘零在水上。海睡熟了。大小的岛拥抱着，偎依着，也静静地恍惚入了梦乡。星星在头上眨着慵懒的眼睑，也像要睡了。许久许久，我俩也像入睡了似的，停止了一切的思念和情绪。不晓得过了多少时候，远寺的钟声突然惊醒了海的酣梦，它恼怒似的激起波浪的兴奋，渐渐向我们脚下的岩石掀过来，发出汩汩的声音，像是谁在海底吐着气，海面的银光跟着晃动起来，银龙样的。接着我们脚下的岩石就像铃子、铙钹、钟鼓在奏鸣着，而且声音愈响愈大起来。没有风。海自己醒了。喘着气，转侧着，打着呵欠，伸着懒腰，抹着眼睛。因为岛屿挡住了它的转动，它狠狠的用脚踢着，用手推着，用牙咬着。它一刻比一刻兴奋，一刻比一刻用劲。岩石也仿佛渐渐战栗，发出抵抗的嗥叫，击碎了海的鳞甲，片片飞散。海终于愤怒了。它咆哮着，猛烈地冲向岸边袭击过来，冲进了岩石的罅隙里，又拨刺着岩石的壁垒。音响就越大了。战鼓声、金锣声、呐喊声、叫号声、啼哭声、马蹄声、车轮声、机翼声，掺杂在一起，像千军万马混战了起来。银光消失了。海水疯狂地汹涌着，吞没了远近大小的岛屿。它从我们的脚下扑了过来，响雷般地怒吼着，一阵阵地将满含着血腥的浪花

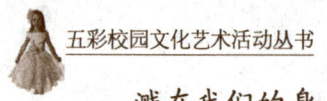

溅在我们的身上。

（2）不同的心情。紧张、焦急、慌乱、热烈、欢畅的心情宜用快读；沉重、悲痛、缅怀、悼念、失望的心情宜用慢读。前者如：

她猛然喊了一声。脖子上的钻石项链没有了。她丈夫已经脱了一半衣服，就问："什么事情？"她吓昏了，转身向着他说："我……我……我丢了佛来思节夫人的项链了。"

他惊惶失措地直起身子，说："什么！……怎么啦？……哪儿会有这样的事！"他们在长衣裙褶里，大衣褶里寻找，在所有口袋里寻找，竟没有找到。他问："你确实相信离开舞会的时候它还在吗？"

"是的，在教育部走廊上我还摸过它呢。"

"但是，如果是在街上丢的，我们总得听见声响。一定是丢在车里了。"

"是的，很可能。你记得车的号码吗？"

"不记得。你呢，你没注意吗？"

"没有。"他们惊惶地面面相觑……（莫泊桑《项链》）

后者如：

在一个深夜里，我站在客栈的院子中，周围是堆着破烂的什物；人们都睡觉了，连我的女人和孩子。我沉重地感到我失去了很好的朋友，中国失掉了很好的青年，我在悲愤中沉静下去了，然而积习却从沉静中抬起头来，凑成了这样的几句：惯于长夜过春时，挈妇将雏鬓有丝。梦里依稀慈母泪，城头变幻大王旗。忍看朋辈成新鬼，怒向刀丛觅小诗。吟罢低眉无写处，月光如水照缁衣。（鲁迅《为了忘却的记念》）

（3）不同的谈话方式。辩论、争吵、急呼，宜用快读；闲谈、絮语，宜用慢读。分角色朗读前者如：

周朴园：鲁大海，你现在没有资格跟我说话，矿上已经把你开除了。

鲁大海：开除了？！

周冲：爸爸，这是不公平的。

周朴园（向周冲）：你少多嘴，出去！（周冲愤然由中门下）

鲁大海：好，好。（切齿）你的手段我早就明白，只要你能弄钱，你什么都做得出来。你叫警察杀了矿上许多工人，你还……

周朴园：你胡说！

鲁侍萍：（至大海说）走吧，别说了。

鲁大海：哼，你的来历我都知道，你从前在哈尔滨包修江桥，故意叫江堤出险。

周朴园（厉声）：下去！

仆人们（拉大海）：走！走！

鲁大海：你故意淹死了2200个小工，每一个小工的性命你扣300块钱！姓周的，你发的是绝子绝孙的昧心财！你现在还……

周萍（冲向大海，打了他两个嘴巴）：你这种混账东西！（大海还手，被仆人们拉住。）

周萍：打他！

鲁大海（向周萍）：你！（仆人们一齐打大海。大海流了血。）

周朴园（厉声）：不要打人！（仆人们住手，仍拉住大海。）

鲁大海（挣扎）：放开我，你们这一群强盗！

周萍（向仆人们）：把他拉下！

鲁侍萍（大哭）：这真是一群强盗！（曹禺《雷雨》）

（4）不同的叙述方式。作者的抨击、斥责、控诉、雄辩，宜用快读；一般的记叙、说明、追忆，宜用慢读。前者如：

反动派暗杀李先生的消息传出以后，大家听了都悲愤痛恨。我心里想，这些无耻的东西，不知他们是怎么想法，他们的心理是什么状态，他们的心怎样长的！（捶击桌子）其实很简单，他们这样疯狂的来制造恐怖，正是他们自己在慌啊！在害怕啊！所以他们制造恐怖，其实是他们自己在恐怖啊！特务们，你们想想，你们还有几天？你们完了，快完了！你们以为打伤几个，杀死几个，就可以了事，就可以把人民吓倒了吗？其实广大的人民是打不尽的，杀不完的！要是这样可以的话，世界上早没人了。（闻一多《最后一次讲演》）

后者如：

在延安人的记忆里，毛主席永远穿着干净的旧灰布制服、布鞋，戴着灰布八角帽。他的魁梧的身形、温和的脸、明净的额、慈祥的目光，时时出现在会场上、课堂上、杨家岭山下的大道边。主席生活在群众中间，生活中同志们中间。主席的音容笑貌、举手投足，人们都是熟悉的、理解的。人们怀着无限的信任和爱戴的感情团聚在他周围，一步不能离开，也一步不曾离开。如今，主席穿上作客的衣服，要离我们远去了。（方纪《挥手之间》）

　　（5）不同的人物性格。年青、机警、泼辣的人物的言语、动作宜用快读；年老、稳重、迟钝的人物的言语、动作宜用慢读。前者如：

　　"这有什么依不依。闹是谁也总要闹一闹的；只要用绳子一捆，塞在花轿里，抬到男家，捺上花冠，拜堂，关上房门，就完事了。可是祥林嫂真出格，听说那时实在闹得利害，大家还都说大约在念书人家做过事，所以与众不同呢。太太，我们见的人多了：回头人出嫁，哭喊的也有；说要寻死觅活的也有；抬到男家闹得拜不成天地的也有；连花烛都砸了的也有。祥林嫂可是异乎寻常，他们说她一路只是嚎、骂，抬到贺家坳，喉咙已经全哑了。拉出轿来，两个男人和她的小叔子使劲地擒住她，也还拜不成天地。他们一不小心，一松手，阿呀，阿弥陀佛，她就一头撞在香案角上，头上碰了一个大窟窿，鲜血直流，用了两把香灰，包上两块红布还止不住血呢。直到七手八脚的将她和男人反关在新房里，还是骂，阿呀呀，这真是……"（鲁迅《祝福》）

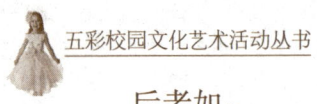

后者如：

"冬天没有什么东西了。这一点干青豆倒是自家晒在那里的，请老爷……"我问问他的景况。他只是摇头。"非常难。第6个孩子也会帮忙了，却总是吃不够……又不太平……什么地方都要钱，没有定规……收成又坏。种出东西来，挑去卖，总要捐几回钱，折了本；不去卖，又只能烂掉……"他只是摇头；脸上虽然刻着许多皱纹，却全然不动，仿佛石像一般。他大约只是觉得苦，却又形容不出，沉默了片时，便拿起烟管来默默地吸烟了。（鲁迅《故乡》）

3、朗读速度的转换

朗读任何一篇文章，都不能自始自终采用一成不变的速度。

朗读者要根据作者的感情的起伏和事物的发展变化随时调整自己的朗读速度。这种在朗读过程中实现朗读速度的转换是取得朗读成功的重要一环。

4、注意问题

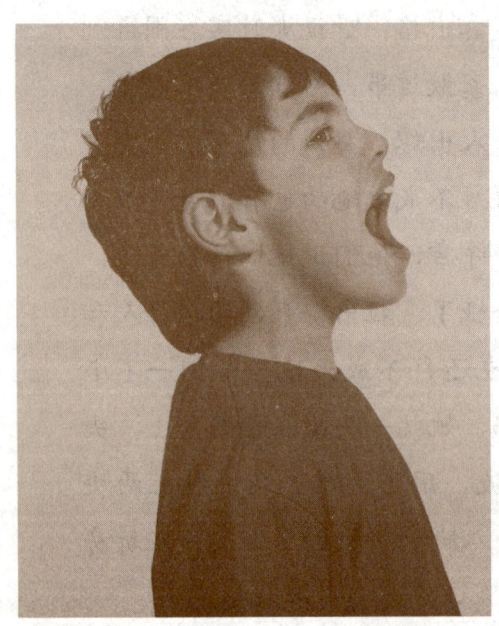

读得快时，要特别注意吐字的清晰，不能为了读得快而含混不清，甚至"吃字"；读得慢时，要特别注意声音的明朗实在，不能因为读得慢而显得疲疲沓沓、松松垮垮。总之，在掌握朗读的速度时要做到"快而不乱""慢而不拖"。

技巧之三：重音

1、什么是重音

在朗读中，为了准确地表达语意和思想感情，有时强调那些起重要作用的词或短语，被强调的这个词或短语通常叫重音，或重读。在由词和短语组成的句子中，组成句子的词和短语，在表达基本语意和思想感情的时候，不是平列地处在同一个地位上。

有的词、短语在表达语意和思想感情上显得十分重要，而与之相比较，另外一些词和短语就处于一个较为次要的地位上，所以有必要采用重音。同样一句话，如果把不同的词或短语确定为重音，由于重音不同，整个句子的意思也就发生了很大的变化。如：

A、我请你跳舞（请你跳舞的不是别人）B、我请你跳舞（怎么样，给面子吧？）C、我请你跳舞（不请别人）D、我请你跳舞（不是请你唱歌）。

再如下面一段话，如果把加点的音节作为重音加以强调，这句话的语意立即突出了，内容也会一下子变得丰富起来。

一生中能有这样两个发现，该是很够了，即使只能作出一个这样的发现，也已经是幸福的了。但是马克思在他研究的每一个领域，甚至数学领域都有独到的发现，这样的领域是很多的，而且其中任何一个领域他都不是肤浅地研究的。

（恩格斯《在马克思墓前的讲话》）

2、确定重音的依据

（1）依据结构。有些句子，平平常常，没有特殊的感情色彩，也没有什么特别强调的意味。这种句子的重音可以依据其语法结构来确定。一般地，需要重读的有短句中的谓语、宾语、定语、状语、补语、有些代词。这类重音叫做语法重音或意群重音。这类重音在朗读时不必过分强调，只要比其他音节读得重些就可以了。

（2）依据语意和感情。有些句子或由于构造复杂，或由于表意曲折，或由于感情特殊，它的重音往往不能一下子确定，必须联系上下文，对它细加观察，进行认真推敲，尤其要把它放到特定的语言环境中加以考察，才能确定其重音，通常把这类重音叫做逻辑重音或强调重音和感情重音。它同语法重音有时是一致的，有时则是不一致的。当逻辑重音或感情重音和语法重音不一致时，后者必须服从前者。

3、各种类型的重音

（1）突出语意区别的重音。这类重音意在显示语意中的某些差异，这些差异往往是句意的重心所在，必须加以强调。其中有：

①并列性的重音。如：

当然，能够只是送出去，也不算坏事情，一者见得丰富，二者见得大度。（鲁迅《拿来主义》）

②对比性重音。如：

我爱热闹，也爱冷静，爱群居，也爱独处。（朱自清《荷塘月色》）

我们的战士，对敌人这样狠，而对朝鲜人民却是那样的爱，充满了国际主义的深厚感情。（魏巍《谁是最可爱的人》）

③排比性的重音。如：

它既不需要谁来施肥，也不需要谁来灌溉。狂风吹不倒它，洪水淹不没它，严寒冻不死它，干旱旱不坏它。它只是一味地无忧无虑地生长。（陶铸《松树的风格》）

井冈山的翠竹啊！去吧，去吧，快快地去吧！多少工地、多少工厂矿山、多少高楼大厦、多少城市和农村，都殷切地等待着你们！（袁鹰《井冈翠竹》）

（2）突出句子关系的重音。这类重音意在表现句子中的各种不同的语法关系，特别是复句，以此来强调句子是某种内在的逻辑关系。其中有：

①转折性的重音。如：

他们可以承担一个浩大的战争，可以承担重建家园的种种艰辛，可是却承担不了如此沉重的离情。（魏巍《依依惜别的深情》）

是的，胜利来了，可是人们所盼望的经过流血争取的独立自由和平民主的生活又是要为蒋介石和美帝国主义所破坏。（方纪《挥手之间》）

②呼应性的重音。文章中某些体现呼应关系的词语要重读。如：

用什么来表达自己的心意呢？战士们又有什么呢，他们只有一双结着硬茧的手、一颗赤诚的心。（魏巍《依依惜别的深情》）

陈毅："关于详细计划，改日再与齐先生细说吧。"

齐仰之："不、不，现在就说，现在就说！"（沙叶新

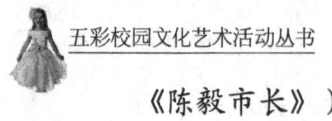

《陈毅市长》）

（3）突出修辞色彩的重音。这类重音意在鲜明体现句子中某些修辞现象，这些不同的修辞色彩的语言表现力最强的地方，最能体现文章的旨意。其中有：

①词语的锤炼。如：

真的猛士，敢于直面惨淡的人生，敢于正视淋漓的鲜血。

两年前的此时，即1931年的2月7日夜或8日晨，是我们的5个青年作家同时遇害的时候。当时上海的报章都不敢载这件事，或者也许是不愿，或不屑载这件事……（鲁迅《为了忘却的记念》）

②比喻。重读文章中的比喻性词语，可以使被比喻的事物生动形象，加深对所描写事物或阐明道理的理解。但要注意，有比喻词的比喻句，不要重读比喻词"像""好像""仿佛"等。如：

如果说瞿塘峡像一道闸门，那么巫峡简直像江上一条迂回曲折的画廊。（练习）我似乎打了一个寒噤；我就知道，我们之间已经隔了一层可悲的厚障壁了……（鲁迅《故乡》）

③夸张。文学作品中常用夸张的手法来表现人或事物的某一特征，表达作者对人或事物的感情态度，并引起读者的共鸣，使读者获得对事物的深刻印象。如：

每年特别是水灾、旱灾的时候，这些在日本厂里有门路的带工，就亲身或者派人到他们家乡或者灾荒区域，用他们多年熟练了的，可以将一根稻草讲成金条的嘴巴，去游说那些无力"饲养"可又不忍让他们的儿女饿死的同乡……（夏衍《包身工》）（练习）可是在中国，那时是确无写处的，禁锢得比罐头还严密。（鲁迅《为了忘却的纪念》）

④借代。如：

　　你杀死一个李公朴，会有千百个李公朴站起来！（闻一多《最后一次的讲演》）

　　我们应当禁绝一切空话。但是主要的和首先的任务，是

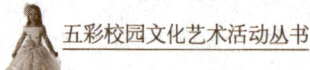

把那又长又臭的懒婆娘的裹脚，赶快扔到垃圾桶里去。（毛泽东《反对党八股》）

⑤双关。如：

周繁漪：好，你去吧！小心，现在，（望窗外，自语）风暴就要起来了！（曹禺《雷雨》）

我能眼看着让别人替我去牺牲？我得去，凭我这身板，赤手空拳也干个够本！我刚打算往下跳，只见她扭回头来，两眼直盯着被惊呆了的孩子，拉长了声音说："孩子好好地听妈妈的话啊！"（王愿坚《党费》）

⑥反语。如：

军队的屠戮妇婴的伟绩，八国联军惩创学生的武功，不幸全被这几缕血痕抹杀了（鲁迅《记念刘和珍君》）

⑦联珠。如：

他比先前并没有什么大改变，单是老了些，但也还未留胡子，一见面是寒暄，寒暄之后说我"胖了"，说我"胖了"之后即大骂其新党。（鲁迅《祝福》）

竹叶烧了，还有竹枝；竹枝断了，还有竹鞭；竹鞭砍了，还有深埋在地下的竹根。（袁鹰《井冈翠竹》）

诗歌朗诵技巧

学习诗歌，朗诵是必不可少的环节，要朗诵好一首诗，就必须掌握朗诵技巧，如音调的高低、音量的大小、声音的强弱、速度的快慢，有对比、有起伏、有变化，使整个朗诵犹如一曲优美的乐章。下面举3个例子谈谈诗歌朗诵的技巧。

1、《春晓》

这是一首格律诗，朗诵这首诗时，应该注意每个字都要吐音清晰，淌出诗的节奏。每行诗句都可处理为三处停顿：

春眠／不觉／晓，

处处／闻／啼鸟。

夜来／风雨／声，

花落／知／多少。

念到"晓、鸟、少"时，字音要适当延长，略带吟诵的味道，使听众能感觉出诗的音韵美和节奏感。

前两句是写诗人早上醒来后看到的景物，朗诵时要用柔和、舒缓的语调，音量不要过大。"鸟"字的尾音可稍向上扬，表现出诗人见到的是春光明媚、鸟语花香的明朗景象。

后两句写诗人想起昨天夜里又刮风又下雨，不知园子里的花被打落了多少。

在读"花落知多少"时，要想象出落花满园的景象。可重读"落"字，再逐渐减轻"知多少"3个字的音量，表现出诗人对落花的惋惜心情。

2、《我的"自白"书》

任脚下响着沉重的铁镣，

任你把皮鞭举得高高，

我不需要什么自白，

哪怕胸口对着带血的刺刀！

人不能低下高贵的头，

只有怕死鬼才乞求"自由"。

毒刑拷打算得了什么？

死亡也无法叫我开口！

对着死亡我放声大笑，

魔鬼的宫殿在笑声中动摇；

这就是我～一个共产党员的自白，

高唱凯歌埋葬蒋家王朝！

这是共产党员陈然同志被捕以后在特务们逼迫他写自白书时写的。这首诗既是一个共产党员崇高内心世界的真实写照，又是对蒋家王朝必然灭亡的庄严宣判。

全诗感情真挚，充满了激情，充分表现了先烈坚定的革命信念和大义凛然的革命气节。

我们在朗诵这首诗的时候，要表现出作者视死如归的英雄气概和对敌人极端蔑视的口气，语调要高昂有力。

第一节，两个"任"字表现了革命先烈不怕敌人毒刑拷打的坚强意志，要读得重些；"不需要"三个字的语气是坚定的；"哪怕胸口对着带血的刺刀！"

这个反问句，表示强调肯定的语气，"血"字的尾音要稍微拖长，并且往下降，表现出对敌人残酷屠杀的轻蔑。

第二节，"人"和"怕死鬼"形成对比，要读得稍重；"自白"的尾音要拖长，表示出是所谓的自白的意思；"毒刑拷打算得了什么！"一句要读出反问的语气。

第三节，是全诗的高潮，朗诵时要感情奔放、语调昂扬，要表现出共产党人誓与敌人斗争到底的英雄气概和坚信革命必胜的乐观主义精神。

如果我们能领会诗的意境，就能深刻感受作者坚贞不屈的英雄气概，激起我们与诗的内容相应的感情，再恰当地掌握重音和停顿，朗诵时就会感情充沛、节奏鲜明，使听众受到强烈的感染。

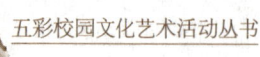
3、《向日葵》

不知太阳上，

有啥秘密，

那么好奇？

引逗得你哟，

白天仰着脸，

瞧呀，瞅呀，

夜晚低着头，

思来想去……

　　这是一首歌谣诗，这首诗的想象很新颖、奇特，能充分展现少年儿童聪慧敏捷的思维特点，因而充满纯真稚嫩的儿童情趣。

这首诗开始就把向日葵拟人化了。由"我"向它提出一个十分有趣的问题，既是"我"的疑问，也会引起小听众认真地思索。

朗诵这两句时，速度不能太快，要注意自然停顿，以引起小听众的思考。

"不知／太阳上／有啥／秘密"，这一句重音应落在"不知"、"秘密"上，"知"和"啥"两个字的尾音可以适当拖长。

第二句要强调"好奇"，需加重语气，"奇"字的尾音要渐弱。

第三句可以结合儿童的天真、顽皮表现出来，语调轻快，头部、眼神可适当转动。

最后一句要和第三句形成鲜明对比，速度放慢，语调轻缓，注意停顿，给小听众留下联想和回味的余地。

总之，朗诵诗歌时，要注意节奏鲜明，并根据作品的基本节奏采取相应的速度。该轻快的要朗诵得轻快些，该沉重的要朗诵得沉稳、稍慢些。

就一首诗来说，朗诵速度也不是固定不变的，而是要根据表现作品内容的需要来决定，并具有一定的变化。

图书在版编目（CIP）数据

校园口才类活动指导手册 / 于玲编著. -- 长春：
吉林出版集团有限责任公司，2013.11（2020.11重印）
ISBN 978-7-5534-3296-0

Ⅰ．①校… Ⅱ．①于… Ⅲ．①口才学－青年读物
②口才学－少年读物 Ⅳ．①H019-49

中国版本图书馆CIP数据核字(2013)第226678号

校园口才类活动指导手册

于 玲 编著

出 版 人：齐 郁
责任编辑：孙 婷 田 璐
封面设计：大华文苑（北京）图书有限公司
版式设计：大华文苑（北京）图书有限公司
法律顾问：刘 畅
出 版：吉林出版集团股份有限公司
发 行：吉林出版集团青少年书刊发行有限公司
地 址：长春市福祉大路5788号
邮政编码：130118
电 话：0431-81629800
传 真：0431-81629812
印 刷：北京兴星伟业印刷有限公司
版 次：2013年11月 第1版
印 次：2020年11月 第3次印刷
字 数：158千字
开 本：710mm×1000mm 1/16
印 张：12
书 号：ISBN 978-7-5534-3296-0
定 价：35.00元